Eternal Madonna

永遠美貌《エターナルマドンナ》
R45編

女医が実践する
いつまでたっても
キレイの事典

皮膚科専門医
岩本麻奈

Discover

はじめに
彩りのハーベストエイジへ

「私は20歳だった。それが人生の中でもっとも美しい年齢だなんて、誰にも言わせない」――35歳で戦死したフランスの作家ポール・ニザンの言葉が目に飛び込んできたときの戦慄は忘れられません。

その歳から30余年が経ちました。いまわたくしは、自分たち及びそれ以上の世代――いわゆるR45世代の女性たちの美しさのために、はじめての美容本を書きおろして発表しようとしています。

温帯の中緯度に位置する日本の国土は、自然だけではなく、わたくしたち女性が自身の美しさをも堪能できる絶妙の環境に恵まれています。鮮やかな四季は、天地を染め上げ、人々の心も身体も清らかにしてくれるのです。山好きの友人に聞きますと、四季の山の表情を「山笑ふ」「山滴《したた》る」「山粧《よそほ》ふ」「山睡《ねむ》る」というそうです。春が訪れて枯れ木に花咲き緑が萌え出し、夏となれば梅雨と驟雨《にわかあめ》に濡れた色はしっとりと艶めき、秋来れば森の青に岩肌に紅や黄が綾なす満山錦《まんざんきん》繡《しゅう》の彩り、そして春待つまでの静謐《せいひつ》に眠る……。

山の季節でわたくしたちのポジションを表現すればどんなものでしょう？　気分は春でも夏でもかまわないとしても、位置取りは秋が妥当なところでしょう。むろん、秋といっても美しい紅葉に彩られた黄金の秋！　そして、ハーベスト（HARVEST）、すなわち収穫の秋！

若さは深い谷を行く綱渡り。若さの美しさは雌雄のホルモンが交錯する自己中心的なものです。これに対し、いまのわたくしたちの成熟したメロウな美しさは、自らの中で育んできた自己実現を充足させる個性であり、幸せを共有する人たちとともに輝いていくものです。

「それって無理していない？　だってバリバリのコーネンキ（更年期）なのよ」

そんな声も聞こえます。それは「幸年期」と、言い換えてみてもやっぱり音感に呪いがこもっている？　でしたら、英語のmenopause（メノポーズ）ならどうでしょう？（覚え方は「目のポーズ♪」で簡単です）

わたくしたちには、大きなアドヴァンテージがあります。ひと世代前のR45とは圧倒的に違うのです。それは、メノポーズに対処する医学の進歩であり、美容医療業界の技術的飛躍と充実です。ちょっと前まではメスを入れなくては不可能だった美容手技が、侵襲《しんしゅう》（身体を傷つけること）最小限で続々と可能になってきています。

もちろんナチュラルなエイジングの道を選んでもなんら問題はありません。ちょっと姑息に整形メイクの腕を磨いたっていい。いろんな選択肢の中から、誰もが好きな方法をチョイスできることが大事です。それこそがあなたの個性になるからです。

人生百年時代。美しくあり続けるには戦略戦術が要求されますし、そのための武器も必要です。戦略を立て戦術を意思決定する武器のひとつとして、本書を使っていただければ幸いです。

かつてどの家庭にもあった『家庭の医学』、その美容版ができたと思ってくださいクリニックでのカウンセリングを受ける際には、巻末付録の図解をお持ちくださいさい。皮膚科学的なイメージがヴィジュアル化され、ドクターの説明に対する理解が深まると思います。

わたくしたちはいま、ハーベストエイジを満喫しようとしています。長い収穫の秋の始まりです。他人のために粧う美を経験したからこそ、自分自身が満ち足りた気持ちになるための美しさを獲得できるのです。そうしていいのです。

さぁ、ハーベストエイジの階梯《かいてい》をごいっしょに上っていきましょう!

本書の構成と使い方

R45世代の美容の重要課題を20項目、順に挙げ、それぞれ、次の4つ（もしくは5つ）の段階でのケア法を、最新美容医療情報を交えて、挙げています。

そのときそのときのご自分に合った段階のケアを選ぶことができます。

STAGE 1　メイクで
STAGE 2　スキンケアで（ホームケアでもエステでのケアでも）
STAGE 3　ノンサージェリー施術で（美容皮膚科でのメスを使わない施術）
STAGE 4　メスを使って（美容整形外科、形成外科でのメスを使う施術）
BACKSTAGE　栄養、睡眠、運動など、日常生活の中で

なお本文中に商品名が登場しますが、美容仲間うちの推薦やわたくしが個人的に愛用しているもので、業界、市場に出回る全製品を試し検証して取り上げたものではないことをお断りしておきます。肌質は千差万別ですので人により合わないこともあります。あくまでも参考としていただければ幸いです。

Contents
{目次}

TARGET 2

TARGET 3

Contents

Contents

Contents

TARGET 10

目袋

若さの象徴「涙袋」が、いつの間にか、老け見えの元凶「目袋」に!? 162

Contents

Contents

TARGET 15

首とデコルテ
年が誤魔化せない〝ネック〟をネックのままにしておかない

Contents

Contents

TARGET 20

Contents

永遠のマドンナたちへ

TARGET 1

フェイスライン
脱顔デカ・二重あご、
小顔化大作戦！

同窓会などで何十年ぶりかに会ったとき、特に男子、まったく別人のように感じてしまう人がいますよね。そういう人の特徴は、顔デカになっていること！

わたくし、趣味もかねて世界中で人間観察をしておりますが、たとえば若者が八頭身なら高齢者は五頭身、若者が小顔なら高齢者は大顔。時代や世代、食生活の変化、年齢とともに縮む身長なども考慮に入れたとしても、どの国においても、さらには漫画やアニメでさえ、高齢者の〝大顔〟具合を顕著に表現しております。で、もしや加齢による頭蓋骨自体の形状変化はあるものなのか、解剖学の権威に尋ねてみました。結果、これまで年齢による骨の巨大化のエビデンスデータは出ていない、それどころか逆に、眼窩《がんか》周囲や下顎骨などは骨吸収のためボリュームが減り、骨そのものの体積は減ってしまう。あくまで、軟部組織（骨を除いた結合組織）の増加や皮膚自体のたるみが、大顔化の主たる原因と考えられるとのことでした。

男性ほどではないにしろ、女性も年齢とともに、顔デカへと変貌しがちです。理由は男性と同じく、たるみ。肌がハリを失うと、つまり真皮のコラーゲンが減少し筋も衰えると、重力の法則にしたがって顔の下半分が間延びしてきます。すると、太ったわけでもないのに二重あごになったり、フェイスラインが緩んだりして、「昔より顔が大きくなった⁉︎」と感じてくる、というわけです。

では、どうやって小顔に戻すのか？　さっそく始めましょう。

メイクで

TECHNIQUE {1}

ムラ塗りファンデーションで立体感を出す

もしかして、ファンデーションを顔全体に均一につけてしまっていませんか？　ファンデーションの塗り方を少し工夫するだけで、過剰なハイライトやシェーディングを施さなくても、しっかり小顔に見せることができます。

それには、ファンデーションをつける量を顔の部位によって変えることです。

リキッドファンデーションを、「両頬」に多めに、「眉間」と「あご」には少なめにのせ、外側に向かってのばしながらスポンジでパッティングが基本。

顔の内側は厚く、外側にいくにしたがって薄めになるように仕上げるわけです。

そうすると、顔の中心がグッと引き立って自然な立体感が生まれ、その分、フェイスラインが目立たなくなって、小顔に見えるのです。

なお、美白信仰では、〝なにがなんでも肌は白いほうがいい〟とされますが、なにせ白は膨張色。欧米ではセレブのマダムといえば、テラコッタ色です。自由な発想で対処しましょう。

TECHNIQUE {2}

顔型別シェーディング術とヘアで、フェイスラインをシュッとさせる

小顔に見せるメイクのテクニックのもうひとつは、おなじみシェーディング。2トーン下のファンデーションか、シェーディング用パウダーまたはリキッドで、シェードをつけて、顔を立体的に、フェイスラインを引き締めて見せます。

このとき意識するのは〝横顔〟。横顔はプロフィールともいいますが、顔の幅を狭くし、自分のプ・ロ・フ・ィ・ー・ルをもりもり盛って見せる勢いでシェーディングすることです。

鏡をご覧ください。両目の瞳の外側あたりに、上から下への2本の平行ラインをイメージします。この外側は横顔にしてしまいましょう。ちなみに眉山をこのライン上にもってくると立体感も出て完璧です。

このとき、プロは、顔の形によってシェーディングの方法を変えます。

卵型の顔の人は、顔がタテにのびてきやすいので、額の髪の生え際とあご先にシェーディングをオン。

面長も同様ですが、さらに顔の長さを断ち切るように、頬にも真横にシェーディングを入れます。

丸顔は、タテにもヨコにも顔が広がって四角顔になりやすいので、エラからあご先まで、こめかみから真下のエラまでをシェーディングして卵型に近づけ、最後に、頬骨を包み込むように斜めにもシェーディングを入れます。

逆三角形顔は、シェーディングは不要。もともと頬がくぼんでいるため老けて見えがちなので、171ページのふっくらメイクを参考にしてください。

TECHNIQUE { 3 }

高く見せたいところに、ラメ入りパウダーで立体感を出す

シェーディングとは逆に、ホワイトやラメ入りのパウダーを高く見せたい部位につけることによって、立体感を出す方法があります。

鼻筋、あご、頬骨の上、眉の上に、それぞれひとふきが基本です。

また、ヘアカラーをしている方は、フェイス周辺の特に耳から下あたりは黒など濃いめの色に、そのほかは明るめな色に、と差をつけることで目の錯覚効果が狙えます。レイヤーカットでカラーグラデーションをかけると、頭全体に奥行き感も出て、より効果的です。

スキンケアで

Stage #02

TECHNIQUE {1}

マッサージで老廃物を外に出す

あとでご紹介する巡活®マッサージは、静脈とリンパの走行を解剖学的に把握し、効率的に老廃物の流れを促しますので、血行改善にも役立ちます。毎日続けることにより、顔がむくんで皮膚が膨張する習慣をなくしますので、〝顔デカ〟にならないための予防にもなります。

ポイントは、最初に大きな静脈を優しく刺激し、血液の流れの道筋をよくすること、そして常に心臓に向かって流すという方向性を間違えないことです。

詳しくは、１３３～１３７ページをご覧ください。

ノンサージェリー施術で

TECHNIQUE {1}

エラ張り顔デカには、小顔ボトックス

美容皮膚科のクリニックで、小顔を希望すると、比較的よく勧められるのが、A型ボツリヌス菌毒素を使用した「エラボトックス」です。

ただし、咬筋に筋肉の動きを麻痺させるボトックスを注射することで、動かなくなった筋肉が自然に痩せていき、フェイスラインがほっそりしてくるという理屈ですから、奥歯を噛みしめる咬筋が発達しすぎて、どんどんエラが強調されてしまった人向きです。

注射後約2～3週間で徐々にフェイスラインがすっきりしてきます。個人差はありますが、効果は約半年ほど続きます。

繰り返し注射することで、筋肉そのものが縮小して、効きめの持続時間が長くなり、生まれつきの「小顔」レベルに近づいていくのですが、R45世代の中には筋肉が痩せることで、逆に頬がこけ張りがなくなり皮膚のたるみが目立ってしまうケースもありますので、自分の骨格、筋肉のつき方がエラボトックス向きかど

うか、施術の際は必ずドクターの診断を仰ぎましょう。

TECHNIQUE

{ 2 }

ぽっちゃり顔の即席小顔化には、輪郭注射、BNLS

顔に脂肪がついたぽっちゃり顔や二重あごには、「**輪郭注射**」や部分痩せ注射と呼ばれる「**BNLS**」（植物エキス：ヒバマタ、セイヨウトチノキ、ペルシャクルミなどのメディカルハーブなどが主成分）や、「**プロストロレーン インナーB**」（脂肪の分解を促進すると同時に新たな脂肪の合成を抑制する3種類のペプチドが主成分）などで、フェイスラインの余分な脂肪を溶かしてスッキリさせる方法があります。

従来の脂肪溶解注射より改善され、腫れやしこりができにくいのが利点ですが、個人差のあるところです。3、4回繰り返すことで効果が定着するといわれます。こちらも実際に輪郭注射の効果が期待できる顔のタイプかどうか？ 先にドクターの見立てをよく聞いてみましょう。

ボトックスも、輪郭注射のたぐいも、薬剤の種類や使用量によって料金は異なりますが、3〜5万円。持続期間は半年ほどで、繰り返しにより効果の定着を狙います。

高周波や超音波で引き締める

特に顔の下半分がたるんであご（下顎《かがく》）のラインが緩んできている場合の強い味方。**RF高周波（RF）**や**超音波（HIFU）**などで、真皮からより深い部分をターゲットに照射すると、たるみを引き締め肌の張りを蘇らせることが可能です。こちらの詳細は50〜54ページにて。

Back Stage

TECHNIQUE {1}

全身のサイズダウンとファッションで

もしも身体全体にかなりふくよかに脂肪がついている場合の二重あごやたるみでしたら、少しでもリスクのある医療施術をファーストチョイスしてはいけません。まずは健康的なエクササイズやダイエットで全体のサイズダウンを目指しましょう。

なお、顔デカはファッションで存在感をかなりなくすことができます。深めのVネックや派手でボリューミーなボトム、あるいは帽子を深くかぶるなど、ちょっとした工夫で小さく見せることも可能でしょう。

それには頭の先からつま先(シューズ)までチェックできる姿見を必ず眺めて、バランスを確認することが大切です。

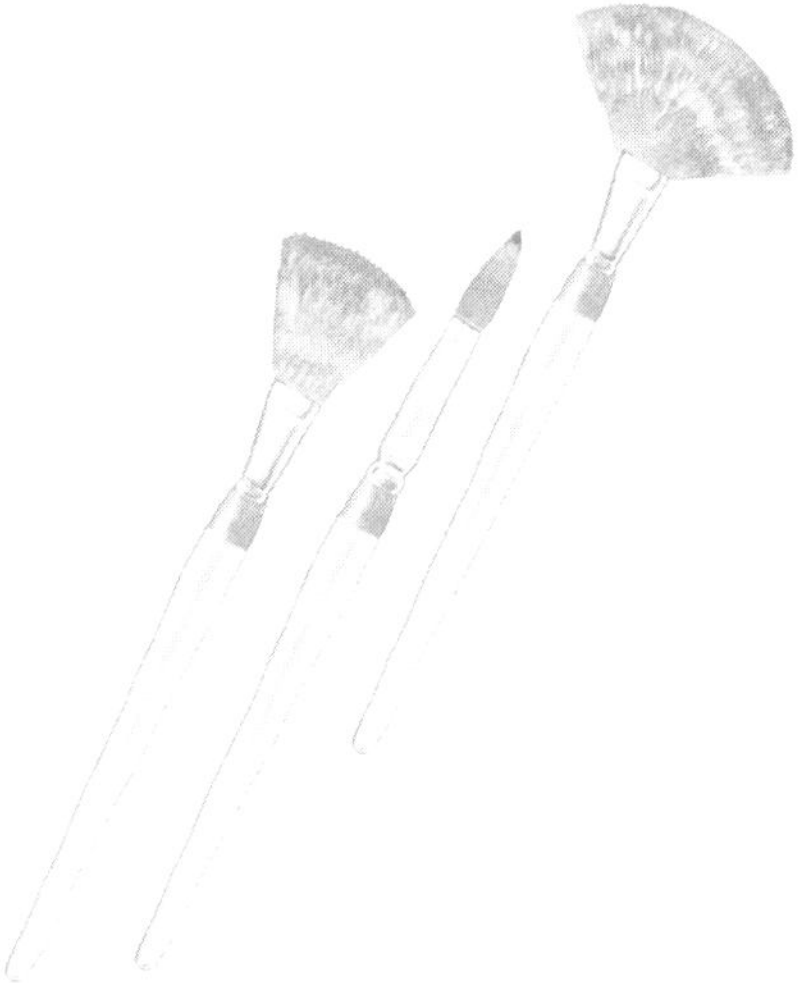

TARGET 2

ほうれい線&マリオネットライン&ゴルゴライン

三大老け見えラインを消して、エターナルマドンナの微笑みラインに

口の両脇にできるほうれい線、ほうれい線があごに向かってのびたマリオネットライン、目頭から頬にかけて斜めに走るゴルゴライン。

この悩ましい「三大老け見えライン」は、実は「シワ」というよりも、**表情筋**

や肌の弾力の衰えによる「たるみ」によってできた「溝」というのがその実態。頬の皮膚や筋肉が衰え、支えきれなくなった脂肪が下垂して、ふっくらしていたはずの頬や口元の肉が削げ、深い溝（鼻唇溝《びしんこう》）が出現してしまうというわけです。

このなかで、日本人にあまりなじみがないのはゴルゴライン。ゴルゴ13の目頭から頬にかけてハの字に走るシワのことです。西洋人は眼球が奥まっているがゆえに、アイホールの下部内側半径4分の1が、ゴルゴラインとして強調されがちですが、わたくしたち日本人は、骨格的にそれほど悩まされるほどにはならないのです。ゴルゴラインが目立つのでしたら、目の下のクマのようなものか、あるいはたるみ、眼輪筋の衰えによって起こる目袋（162ページ参照）のでき始めかなど、よく見極めなくてはいけません。

老化の代名詞のようなほうれい線ですが、実は英語や仏語ではそれに該当する日常語がありません。しいていうなら、**〝smile line〟** 〝les rides de sourire **（微笑みライン）**〟なんですよ。なんと！

メイクで

TECHNIQUE {1}

「三大老け見えライン」は、筆ペンタイプのハイライトで飛ばす

この「三大老け見えライン」にどう対処すべきか……。それを教えてくれたのは、セレブ御用達のメイクアップ・アーティストをしている友人です。

彼女が愛用しているのは、筆ペンタイプのハイライト。肌色より明るい色を選び、ほうれい線、マリオネットライン、ゴルゴラインの溝を埋めるようにサッとひと塗りするだけで、凸凹をフラットに見せて影をカモフラージュできます。

なじませすぎると効果が薄くなるので、ひと筆引いたあと、人差し指の側面をそっとラインに押し当てるだけ。仕上げに軽く粉でおさえるのも忘れずに、とのことです。

TECHNIQUE

{ 2 }

顔全体のたるみは眉の「高さ」と「長さ」で解決できる

眉の描き方でも、ほうれい線などで全体的に下がって見える顔をキュッとリフトアップし、若々しく見せることができます。

ポイントは「高さ」と「長さ」。

まず、**眉頭の下と眉尻を同じ高さになるように描く**ことです。眉尻が眉頭より下だと、目もとばかりか頬の位置も下がった、たるみ顔に見えてしまいます。

眉の長さは見た目年齢を左右し、**長いと年齢が上に見え、短いと若々しく見えます**。眉頭と同じ位置に眉尻の描き終わりがくるようにすればいいでしょう。

わたくしたちがメイクを始めたころに教わった〝小鼻と目尻の延長線上に眉尻がくる〟長さだと、顔が下がって見え、何より古さを感じさせます。

TECHNIQUE {3}

チークとハイライトは、ポイントを上にもっていくように入れる

次に、チークとハイライトで、下がった頬を引き上げて見せます。

にっこり微笑んだとき、ぷくっと盛り上がる場所に、チークを丸く入れます。ポイントを上にもっていくことで、頬が引き上がっているように見せるわけです。もともと大人顔である西欧人の場合は、側面にシャープに入れることが多いのですが、このあたりはお好みで。

さらにハイライトで、高さを出し、骨格を際立たせます。チークのいちばん高いところよりさらに上の部分、眉尻より内側におさまるように入れるのがポイント。眉尻より外側にはみ出ると、顔が横に広がって見えてしまいます。

TECHNIQUE {4}

下がった口角は、リップライナーで上げて見せる

家族や友人から「機嫌悪いの?」「なんか怒ってる?」と聞かれることが増え

Stage #01

たら、要注意！　口角が下がり、マリオネットラインが目立っている証拠です。

これに対するいちばんのポイントは笑顔。**普段から口角を上げて笑い、**表情筋を鍛えるのが効果的ですが、てっとり早く口角が上がって見えるメイクのテクニックも知っておきたいものです。

ポイントは、口紅を塗る前にファンデーションで唇の輪郭を消しておくこと、**リップライナーの色は、口紅ではなく唇の色に合わせる**ようにすることです。

普通はリップライナーで輪郭を描いてから口紅を塗りますが、素の唇に、いきなりアウトラインを描くのは、意外と難易度が高いもの。それよりも、**先に口紅を普段どおりに塗っておき、あとからリップライナーで輪郭を整える**ほうが簡単です。

下唇の口角を上向きにのばして、自然に上唇のラインにつなげるのがポイントです。

スキンケアで

Stage #02

TECHNIQUE {1}

エイジングケア用美容液で「予防」する

たるみを防ぐお手入れの基本は、シワやくすみなどと同様、「保湿ケア」と「エイジングケア」です。オススメは、**セラミドやヒアルロン酸、ペプチド、ビタミンC誘導体などが配合された美容液。DMEA（ジメチルアミノエタノール）**もハリ、たるみの予防に役立ちます。

ただし、あくまでも予防。たるみ自体は真皮や筋肉など肌の深い部分に原因があるため、改善効果は期待できません。webでよく見る「たるみに効くコスメ」などという表現は薬機法（医薬品医療機器等法）違反となります。

また、高周波などで肌の深部に作用してリフトアップするという家庭用美顔器もありますが、習慣にするのはなかなか容易ではありません。

ノンサージェリー施術で

TECHNIQUE {1}

溝を底上げするには、ヒアルロン酸注入

ほうれい線（鼻唇溝《びしんこう》）やマリオネットライン、ゴルゴラインを改善する治療法として、もっとも即効性があるのが、**ヒアルロン酸などを注入するプチ整形**。注入系治療は、手術時間やダウンタイムも短く、費用も通常5～10万円くらいと、比較的リーズナブルです。

ただし、ヒアルロン酸注入は、使用するヒアルロン酸の種類や量のさじ加減が仕上がりの美しさを左右するため、施術するドクターの裁量が非常に重要です。たとえば、ほうれい線やマリオネットラインにヒアルロン酸を注入する場合、持続性の高いタイプの注入剤を多めに入れたりすると、注入したヒアルロン酸の重みが継続的にかかり、日が経つにつれ、かえって頬が下がった感じになってしまうこともあります。

注入に関して、もうひとつ頭に入れておきたいのは、気になる線だけをなくそ

うとしても、なかなかうまくいかないということです。ほうれい線だけにヒアルロン酸を入れても、下がった頬などのボリュームはそのままなので、根本的な問題解決にはならない、ということです。

また解剖学的にも、たとえば鼻根部や前額部など、すぐ下に硬い骨があればヒアルロン酸注入は〝上に〟のりやすく、そこを支えに高さも出しやすく形も作りやすいのですが、そうでない部分では、ヒアルロン酸は深部に向かっても広がりますので、個々に違う複雑な筋肉走向や皮下組織のつき具合に左右され、仕上がり具合が読みきれない場合も出てきます。

たとえば頬骨部の周囲に少し深めにヒアルロン酸を入れて盛り上げ、ほうれい線周囲の皮膚を上方に引っ張って溝を浅くする、という方法が効果的な人もいれば、思いのほか効果が現れない人もいるのです。

希望どおりにいかなくてもヒアルロン酸はいずれ吸収されますし、分解酵素注入でお直しも可能ですが、事前にカウンセリングをきっちり受けて、確かな技術と豊富な施術例をもつドクターに施術してもらうことが大切です。

なお、リスクとして知っておきたいことは、重篤なもので注入部の血流障害で起こる塞栓（顔の中心部の鼻尖部、眉間、ほかに鼻唇溝あたりは要注意）、それによる失明や皮膚壊死。そのほか、感染、アレルギーなど。

塞栓は、針先が鈍針であるカニューレの使用普及により確率的には稀となりましたが、万一発症した場合は、クリニックでの迅速な対応が予後を決めるので、心に留めておくとよいでしょう。

TECHNIQUE {2}

お手軽リフトアップには、マッサージピール

職業柄、さまざまなコスメや美容医療を試すなかで、周囲に勧めてもたいてい好評なのがイタリアからやってきた**「マッサージピール」**（PRX-T33）です。

たるみに効く美容医療は、かなりアグレッシブなものが主流でしたが、これはピーリング製剤で真皮のコラーゲンを増やすというものです。

ディープピーリング剤で知られる劇薬TCA（トリクロロ酢酸）33％に、低濃度過酸化水素を配合することで、皮膚に深い剥離を起こすことなく真皮層に作用してコラーゲン生成を促進。これまでのピーリングでは難しかった肌の奥深くからのハリが蘇ります。

従来はTCAというと、凹んだニキビ痕の治療などに使われているくらい深く浸透して作用するものの、剥離が強烈でダウンタイムが長く、のちのち色素沈着を起こしやすい黄色人種には使いづらい薬剤でした。

それが、やはり本来なら劇薬である過酸化水素を、創傷治癒を促すのに適切な濃度0・1〜0・3％でブレンドすることによって、効率的で施術しやすいマイルドなピーリング剤として生まれ変わったのです。

マッサージピールはその名のとおり、薬剤を浸透させるために優しく肌をマッサージしていきますが、その日の肌状態によりピリピリ感や刺激を感じることがあります。一般にダウンタイムは短く、人によっては鼻や頬に赤みが出ますが数時間で消失します。ただし、肌が敏感な方ですと、翌日まで赤みが残ることもあります。

周囲では効果をより実感するのは翌朝にかけてという方が多いです。美顔修正アプリで、肌質と目のサイズアップをしたかのようなリフトアップ具合。しかもコウジ酸が配合されているので、美白効果も期待できます。

費用も2万円前後と他の施術に比べてリーズナブルです。月に1、2回で、5回が1クール。半年以上継続していくことで肌のコラーゲン量が増え、効果が持続します。

TECHNIQUE {3}

たるみ治療医療機器は選択肢が多いので特徴を知ること

ピーリングのように薬剤での化学反応ではなく、物理的な熱の力を利用する多くの医療機器が登場しています。〝たるみ〟の根源はおもに、真皮以下にあるので、原理的に真皮より深い深達度をもち、かつ表皮を傷つけずに、熱変性、熱凝固を起こすことのできる**高周波（RF：Radio Frequency）**や**超音波のマシーン**が対象になります（巻末の図をご参照ください）。

ポラリスとサーマクール

古くからあるバイポーラ（双極式：真皮浅層への限定的効果）の「**ポラリス**（モチーフIR）」は、脱毛に用いられるダイオードレーザーに高周波（RF）を組み合わせたもので、**真皮浅層を優しめに、何度も温めることで徐々にたるみを改善**していきます。

これに対し、**深い真皮深層ターゲット**のモノポーラ（単極式：深層への効果）のRF「**サーマクール**」（米国製）は**一度で効果が実感できる**といえます。

華々しく登場してから10年以上の歴史をもつ「サーマクール」は現在改良を重ねて5世代目。ということは、〝痛い！　高い！〟とデメリットを言われつつも、それなりの結果を出しリピートされているのでしょう。

同様に、**IPL（光治療のこと：フラッシュランプ）**に**高周波**、**近赤外線**に**高周波**など、高周波を組み合わせたハイブリッドな機種がいくつか出ております。

「ポラリス」は1回2万円前後から、2、3週に一度の施行で5回を推奨。「サーマクール」は一度の照射で半年以上効果が持続し、費用は20万から40万円くらいと幅があります。リスクは軽度の熱傷、腫れ、水泡などです。

ウルセラ

超音波を使い、表在性筋膜群（SMAS）上までもターゲットになる**高密度焦点式超音波HIFU「ウルセラ」**（米国製）は、10年ほど前に登場し、効果がわかりやすく持続性もあり、たるみ治療として目下のイチ押し！　**超音波の音響振動エネルギーを1ミリ以下の焦点に集中させ、60度以上の熱でタンパク質変性を起こす**ものです。

超音波エコー画像で真皮深層とＳＭＡＳを確認しながら施術していくので、**照射ターゲットを真皮中層、真皮深層、ＳＭＡＳと段階別に確実に照射できる**のが強みです。

全顔1回30～40万ほどで、一度の施術で半年から1年ほど効果が持続します。ウルセラの副作用として頻発するのは軽度の筋肉痛様の疼痛や違和感ですが、これは効いている証拠であり数日で消失します。極めて稀に、神経損傷による知覚鈍麻や筋麻痺が起きるケースがありますが、いずれも数週から数カ月で消失していきます。

ウルトラセル

この「ウルセラ」と「サーマクール」の中間のイメージが、韓国製の「ウルトラセル」。**前述HIFUのほか、モノポーラRF（GFR）、バイポーラRF（SRR）、ニードル（FRM）の4つの機能を搭載しています。**

施行時の痛みが軽減される工夫が施されていることと多機能であることがメリットですが、ウルセラのようなエコーでのSMAS確認機能はありません。よって医師の経験則値、熟練度がより問われます。

つまり〝強さは機械が設定してくれるし、基本誰がやっても効果は同じ〟ではありません。チップの押し付け具合でも深さは変わりますし、より深達度を上げれば神経の走行にも気を配らなくてはいけません。

費用はウルセラより少しお安く、全顔で10～20万です。一度の施術で半年から1年もちます。

ご予算があれば、実感が得やすく効果がより長く継続する、ウルセラあるいはウルセル、または長らくファンの多いサーマクールをお勧めします。

スマスアップとタイタン

ほかに、効果は緩やかで、痛みをそれほど感じない高級エステ感覚のマシーンがあります。

まず、イスラエル発の**「スマスアップ」**は、**高周波（RF）と局所的な電気刺激（DWA）を与え筋肉運動を強制**することでのタイトニング（ひきしめ）を促します。施術中、独特の〝ピクピク（動かされ）感〟はあるものの、痛みはほとんどありません。

費用は顔全体で1回3万円前後。しかし効果は1週間程度で、一定の効果を持続させたいのであれば、2週間〜1カ月に1度の施術が必要となります。

近赤外線の「タイタン」は水に対する吸収率の高い赤外線光（Infra Red）を使用して、**真皮層内にある水分に熱を吸収させ、その刺激でコラーゲンを収縮させる**原理です。

痛みはあまり感じませんがどちらかというと、**たるみが軽度の方向き**。約1カ月内に引き締まり感やリフトアップ感が期待できます。

全顔で3〜5万円で、数カ月に一度継続することで効果が持続します。

TECHNIQUE {4}

即効性を求めるならスレッドリフト

「少し費用がかかっても、1週間後のクラス会までにキレイにほうれい線をなくしたい！」「メスを入れるのは嫌だけど、効果的な方法で輪郭をシュッとさせ若返りたい！」という場合、スレッドリフトはいちばんのオススメです。

たとえば、側頭部の耳介周囲を支点にして特殊な糸を皮下に挿入し、下がった頬などを物理的にその場で引っ張り上げます。テクニック3で説明した、結果が日を追って徐々に現れるマシーンでのタイトニングとは違って、その場ですぐにリフトアップ効果が体感できます。

糸を使ったリフティングは日進月歩で改良され、いまでは数多くの種類があり、またクリニックごとに独自のキャッチーなネーミングをされることも多く、混乱しがちです。いくつかに分けてご説明します。

まず端を固定しないで数多くの糸を埋め込む**フローティングタイプ**と、端を固定してキュッと数本でつり上げる**フィックゼイションタイプ**があります。

糸自体は、**半年から1年で溶ける吸収糸（ハッピーリフト、ショッピングスレッドなど）と溶けない非吸収糸（アプトス、ミラクルリフトなど）**があり、それぞれ、組織に引っかかるように**コグやコーンと呼ばれるさまざまな突起状のトゲのついたもの、コグなどのないスムースなもの**などがあります。

たとえば**「Jリフト」は吸収糸**で、**「スプリングリフト」は非吸収糸**ですが、どちらもコグがあり、これらを皮膚のSMAS付近に通しこみます（巻末図参照）。この挿入部位で、マリオネットラインからの引き上げにするか、ほうれい線からか、目尻が少し上がっていいのか、目元はいじりたくないかなど、希望に合わせ、いろんなパターンのデザインが可能となります。

さらに皮膚の下に糸を留置することで、糸に対する免疫反応によって真皮層のコラーゲンやエラスチンを生成する「線維芽細胞」が刺激され、ハリのある肌になるという、うれしい副次効果も期待できます。

持続期間は、Jリフトのような吸収糸で、半年から長くて1年。徐々に効力が落ちていきますが、都度バランスを考え、やり直せます。

たとえば「最近は目尻が下がってきたので、少し上げよう」「マリオネットラインだけ集中的に上げてもらおう」など、その時々の要求に合わせて、メンテできるわけです。

費用は糸1本3万前後から、通常は片側3〜4本ずつで、両側合わせて20〜25万くらいです。

非吸収糸の「スプリングリフト」は数年もつといわれ、持続性に優れています。糸は内側が伸縮性あるポリエステル、外側はシリコンでできており、こちらは丸いコグがついています。

費用は糸1本につき8万円くらいから。効果を出したい範囲によって糸の本数は変わってきますが、片方2〜3本ずつで、計30〜50万円前後が標準的です。

Stage #03

非吸収糸については、長期にわたる素材の劣化や異物反応について未知な部分もあるのは事実です。気になる方は吸収糸をオススメします。

施術時間はどのタイプも約30分～1時間程度、施術後当日から洗顔、入浴、メイクもOK。ダウンタイムもほとんどありません。ただし針で糸を通す手技上、針が血管にあたり皮下出血が起こるリスクは一定の確率であります。その他の合併症は、点状や線状の皮膚の陥凹、感染、神経の損傷などです。

R45世代から定期的にスレッドリフトをすれば、SMAS（表在性筋膜群）の緩みはもちろん、皮膚表面のたるみが最小限で抑えられ、顔にたるむ隙を与えないので、ほぼ生涯にわたってメスを入れずともリフトアップが可能と、楽観的に予測をするドクターもいます。

またヒアルロン酸などの注入療法との併用も相性がいいので、**くぼみにヒアルロン酸、たるみ引き上げにスレッドというのは、**目下のところ、**たるみ系ノンサージェリー施術の鉄板**です。

メスを使って

TECHNIQUE {1}

かつての王道フェイスリフト手術は、うまくいけば効果絶大だが侵襲強し

スレッドリフトは糸を使ってたるんだ皮膚組織をよいしょと持ち上げる方法ですが、さらにアグレッシブにいくのが、SMAS法と呼ばれるフェイスリフト手術。たるんでしまった筋膜に直接アプローチしていきます。かなりたるみ度合いが進んでしまったり、劇的な改善を望む場合のチョイスです。

こめかみや耳の前などを切開し、皮膚とともに皮下組織、表在性筋膜（SMAS）を側頭部に向けて引き上げます。余った皮膚は切除して、シワ問題も一気に解消できる、という一大メリットもあります。

ただしフェイスリフトでも、予算の関係や傷跡、あるいは長いダウンタイムを嫌がってメスを入れる範囲を最小限にしてしまうと、思いのほか効果がなかったということも考えられます。

逆に広範囲になればなるほどリスクも増えますので、プチ整形の何倍も、ドクター選び、そして細やかなカウンセリングに時間をかけなくてはいけません。いわば、ハイリスクハイリターンの最終手段です。

とはいえ、スレッドリフトがここまでは発達していなかった昔は、王道の手技でした。多くの銀幕のスターたちがお世話になっていたはずです。わたくしが病院で研修していた20年前のフランスでは、形成外科の看護師たちの耳の前によく一筋の〝刻印〟が施されていたことを思い出します。普段は見えませんがオペの際、帽子をかぶると見えてしまうのです。

術後の合併症でいちばん多いのは皮下血腫で、程度がひどいと皮膚壊死（多くは張力負荷のかかる耳の後方部分ですが）を起こします。

その他、顔面神経麻痺による顔の歪みや知覚障害などで、生じてしまったら自然回復を待つしかありません。緊急性がないわけですから、じっくり時間をかけ

Stage #04

て、信頼関係を築きながら、自分の身体を預けられるドクターを探してください。

メスを使った手技は、効果が確実で長期間持続するという点は大きなメリットです。費用は剥離の範囲により違いますが、40～100万円前後と高額で、ダウンタイムも2～4週間と長期であることを踏まえると、効果とリスクの兼ね合いをドクターとよく相談することが必須です。

日常生活の中で

TECHNIQUE {1}

睡眠不足・ストレス・喫煙がたるみの三大原因!

エイジングとたるみは、切っても切れない仲、とはいえ、その程度は、年齢を重ねるごとに個人差が大きくなっていくのも事実です。ではその違いの三大原因はというと、睡眠不足・ストレス・喫煙です。

睡眠が不足すると、本来なら睡眠中に行われる皮膚細胞を構成するたんぱく質の合成や肌のダメージを修復する成長ホルモンの分泌がスムーズにいかないからです。

ストレスを感じるとストレスホルモンが分泌され、血管収縮や免疫機能の低下、基底細胞増殖力の低下などを引き起こし、肌のターンオーバーが乱れ、肌のバリア機能までもが低下してしまいます。

喫煙によるニコチンは血管を収縮させて血行を悪くするので、酸素や栄養が皮膚に届きにくくなり、肌の衰えを招くことになります。

このうち、ニコチンは、コラーゲン生成を促進したり、メラニンの生成を抑える働きがあるビタミンCを破壊することも大敵たる理由です。一服で、体内にあるビタミンCの20～100mgが失われるともいわれます。

本格的に禁煙しようと思っている方には、禁煙外来をお勧めします。3カ月間、合計5回までの来院治療で終了するのが一般的となっています。一定の条件を満たしていれば健康保険が適用され、費用の目安は貼付薬（ニコチンパッチ）なら約1万2000円、内服薬（バレニクリン）なら約2万円が目安です。

「動きに色気が出るからタバコは左手（利き腕でないほう）でもつものよ」、その昔、センシュアルなパリのマダムから教わりました。

ちなみにフランス人は喫煙率が高いです。確かに火の貸し借りが恋の生まれるきっかけにもなるので、タバコを手放せないマダムが多いようです。美と健康をとるか恋をとるか。悩ましいところですね。

Back Stage

ところで、パリにいた頃、ごく短い期間でしたが、ベルカント唱法（イタリアオペラにおける理想とされる伝統的な歌唱法）を習っていたことがあります。当時、わたくしを指導してくれた、国立学院声楽科のうら若き先生は、「オペラ歌手は老けないのよ。あんなに激しく表情筋を使って歌うのに、シワにもならず、たるみもしないでしょ」と得意げに語っていました。

もちろんあの美声は喉や口元で出しているのではなく、身体全体を共鳴器にして出しているのですが、それが顔のたるみ防止に一役かっているのでしょうか。それとも〝見られている〟という舞台の緊張感がハリのある、たるまぬ顔にしているのでしょうか。

TARGET

3

鼻の下と唇

どうする？富士山崩壊問題！

結婚や出産で表舞台から遠ざかっていた女優さんが久々にメディアに登場した姿を見て、「あれ？　顔が長くなってる！」と驚いたことはありませんか？

顔のゴールデンバランスでは、一般に、鼻の下から上唇の中心までの距離と、そこから顎先までの距離のバランスが、１：２がよいとされますが、これが、加齢によって肌のハリが失われ、顔のさまざまなパーツを引き上げる筋肉が衰えるにつれて、鼻の下がのび、1：1に近づいていきます。ご老人をイラストで表現する場合、顔を大きくするほか、鼻の下が長く平らに描かれていますよね。あれです。

さらに、上唇は、ふつう真ん中に凹みのある「富士山」のような形をしているものですが、肌がゆるむと、この富士山が崩れはじめます。それにしたがって、上唇の上、つまり鼻の下にあった「人中」と呼ばれる溝を挟む2本のスジ、こちらの「富士山」も崩壊。

その結果、唇が薄くなって唇の位置も下がり、鼻の下がのびたように見える、というか実際のびる〝富士山崩壊問題〟が勃発するというわけです。

さて、どうしましょう!?

メイクで

TECHNIQUE {1}

上唇をぷっくり見せて、鼻の下を短く見せる

間延びしてきた鼻の下を短く見せるメイクでよくあるのが、「人中」に濃いめのオレンジチークをのせて陰影をつけ、鼻の下を短く見せる、というやり方。わたくしも試してみましたが、肌がくすみやすい大人の女性の場合ですと、一歩間違えると鼻の下が黒っぽく見え、余計に悪目立ちしてしまうという悲劇を招きかねません。

そこで、オススメするのが、のびた鼻の下の「富士山」は触らずに、上唇をふっくら仕上げて、**唇の「富士山」を復活させる**ことで、下がってしまった唇の位置を「上げて」見せることです。手持ちのリップクリームやバームを綿棒にたっぷりとつけ、クルクルとマッサージしながら唇に山を作っていくと、自然な厚みが出ます。

Stage #01

口紅を、実際より1、2ミリでいいので、少しオーバーリップ気味に描くのもコツです。小顔効果も狙えます。

色もポイントです。本来なら、シグナルレッドやボルドーなどのはっきりした色は、肌が少しゆるんできた大人の女性ほど、嫌味なくつけこなせるものですが、ビビッドな色は、ときに鼻と唇の距離を目立たせてしまいます。鼻の下の長さが気になる方は、肌なじみのよいピンクベージュなどを選んで、違いを確認してみましょう。

リップラインも、くっきり描くと口がより小さくまとまって見えるので、少しぼやかすのがオススメです。

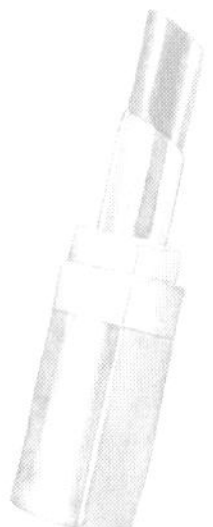

スキンケアで

Stage #02

TECHNIQUE {1}

アンチエイジング専用リップで、ぷっくり唇を

リップのボリューム感を瞬時に出したいときにはエイジングケア・リップとして開発された口紅で、ヒリヒリ感が新感覚の「ラシャスリップ」（Luscious Lips）をお勧めします。即時的な膨張と血色のよさはまさに、トウガラシ果実エキスの効果です。

使い続けるうちに実際にふくらみが維持されるのは、配合されている特許のペプチドがコラーゲンブースターとして唇にコラーゲンを引き込むからだそうです。こちらはクリニックや歯科クリニックで購入できます。

わたくしはラシャスリップの透明をベースに塗って数分置いてから、好みのリップを重ね塗りして発色させています。

ノンサージェリー施術で

TECHNIQUE {1}

唇と鼻の下へのヒアルロン酸注入で

薄くなってしまった唇、どうしてもぷっくりしない、という場合は、美容皮膚科クリニックで、ヒアルロン酸注入をしてもらうこともオススメ。ただし、やりすぎにご注意！

また、「人中」がなくなっている方は、代わりに肌と唇の境目の小じわができてしまっているはず。唇をすぼめて前に突き出してみてください。どうですか？気になるようでしたら、ヒアルロン酸を職人芸のように細やかに注入してもらいましょう。

TECHNIQUE {2}

レーザーや高周波で、鼻の下の肌を刺激して、タイトニング

ここまでは、唇をぷっくりさせて、のびてしまった鼻の下の長さを目立たなくする、という方法でしたが、直接鼻の下を短くする方法はあるのでしょうか。

試してみるなら、先にご紹介した**「モチーフーR（旧ポラリス）」**などの高周波、あるいはニキビ痕などの治療によく使われる**「フラクショナルレーザー」**。劇的な変化は期待できませんが、前者はタイトニング機能で肌をキュッと引き締め、後者は**レーザーを照射して肌に細かい穴を開けることで、コラーゲンやエラスチンなどの美肌成分の生成を促し、皮膚のハリを蘇らせます**。以前よく聞かれたフラクショナルレーザーの痛みやダウンタイムの問題は現在ずいぶんと改良されました。

費用は、鼻の下などの部分照射ならどちらも1～3万円が相場です。

なお、鼻の下がのびるというのは、ティアドロップ（帯状型）毛穴と同じで、実は全顔のたるみが進んできている兆候かもしれません。ほうれい線部分をリフトアップするなどでバランスが改善することがあるので、まずはドクターとよく相談してみましょう。

メスを使って

Stage #04

TECHNIQUE {1}

リップリフトという選択肢も

長くなった鼻の下、最終手段は、切って短くする「リップリフト」といわれる整形手術。ただ、この手術、術後に「イメージと違う！」と思っても、元どおりにすることが難しい上に、手術の仕方によっては傷跡が目立ちやすい、さらには、上唇が引き上がって、笑ったときに歯茎が見えるガミースマイルになりやすい、という超ド級デメリットもあります。

視点を変えて、相対的に〝鼻のほう〟を長くする鼻中隔延長術（耳介軟骨移植）という選択肢もあることはありますが、いずれにしろ、かなり覚悟のいる選択肢です。

TARGET 4

おでこと眉間のシワ

やらなきゃ損⁉ 早めのボトックス

おでこや眉間のシワは、何度も同じ表情を繰り返すことで刻まれた表情ジワ。習慣的な何気ない動作の繰り返しで次第に深くなっていきます。そのため、シワのもとになるNG習慣を改めるのがいちばんの早道なのではありますが……。クリニックの中には、表情ジワを作らないよう意識することを指導するところもあるほどです。

メイクで

Stage #01

TECHNIQUE {1}

光で飛ばす

よく動く部分だけに、ファンデーションを厚塗りするとヨレて、よけいシワが目立ってしまうのは、目尻のシワ（カラスの足跡）と同じ。そのため、目尻のシワ（84ページ参照）と同様、メイクで隠そうとするのではなく、光で飛ばすのが正解です。

メイクの仕上げに、繊細なパール入りのハイライトパウダーで、おでこや眉間のシワにサッとひとはけ。しっかりした立体感を出したいときはクリームタイプのハイライトがいいのですが、シワをカモフラージュしたい場合には、ふんわり柔らかな光が持ち味のパウダータイプがオススメです。

スキンケアで

Stage #02

TECHNIQUE {1}

保湿がいちばん

折り紙で、紙が乾燥していればくっきり折り線がつきますが、紙がしっとり湿っていると、折り目は薄くしかつきません。肌も同じ。**シートマスクなど密封系のスキンケア**を心がけるだけでも、シワが深くなるのを食い止められます。

浅いシワなら、**セラミド、ヒアルロン酸、アミノ酸などが配合されたコスメ**を。塗るボトックスとしてアルジルリンが高配合された美容液も登場していますが、皮膚の奥の神経まで届いてボトックス同様の作用をしているわけではありません。

深めのシワには前述の保湿成分のほか、**レチノール、ビタミンC誘導体、ナイアシンなどが配合されたものがイチ押し**ですが、シワを治すわけではありません。

ノンサージェリー施術で

TECHNIQUE {1}

メイクよりコスメより、ボトックス注射が第一選択肢

メイクやコスメだけでは、おでこ（前額部）や眉間の表情ジワをなかったことにはできません。そのため、事情が許せば、わたくしが第一選択肢としてお勧めしたいのは、やはりボトックス注射。表情筋の過剰な動きを抑えるA型ボツリヌス菌毒素を注射するものです。

表情ジワを目立たなくできるのはもちろん、継続して打つことで、今後できてしまうであろう〝深いシワ〟の定着を予防できるという副次効果も魅力的。ボトックスをやる・やらないで、10年後のシワの数が圧倒的に違ってきます。

前額部や眉間のシワの場合、費用は、それぞれ5万円前後が一般的。腫れや痛みはほとんどありませんが、施術直後のサウナ、エステやマッサージはNG。

1回の施術で効果を実感できますが、4〜6カ月程度で体内に吸収され、効果

が消えていきます。効果を持続させたいなら、年に2、3回の施術が必要です。年2回受ければ10万円ほどの出費ですが、月にならすと8000円強。シワ改善のため高額の美容液を買うよりも、よほどリーズナブルといえます。

使用する薬剤は、**「ボトックスビスタR」**（アラガン・ジャパン社、グラクソ・スミスクライン社／日本）が国内唯一の承認薬です。その前身であるボトックスは、眼瞼痙攣《けいれん》、片側顔面痙攣《けいれん》、痙性斜頸《れんせいしゃけい》、上下肢の痙縮《れんしゅく》の治療などに20年以上も使用されてきた、きわめて安全性の高いものです。

現在は「ボトックスビスタR」のほか、ヨーロッパでいちばん普及している「ディスポート」（イプセン社／イギリス）、抗体が作られにくい（長期使用で効かなくなるのを防ぐ）高価な「ゼオミン」（メルツ社／ドイツ）、ジェネリックで比較的安価な「リジェノックス」（HANSBiomed社／韓国）などがあります。施術の際に何を使用するか、ドクターから説明してもらうとよいでしょう。

ところで、ボトックスというと「打ちすぎて不自然な表情になる」「笑っているのに、笑っていないような顔になる」と、ネガティブなイメージもあるようですが、適切な量を適切な部位に注射すれば、そんなことはありません。

ボトックスが登場したての頃は、確かに（特に練習台とされ、医療従事者あたりに）定番の〝眉がつり上がった怖い顔〟で数カ月過ごす方も多かったのですが、いまはマイクロボトックスなる手技（88ページ参照）をコンビネーションさせることで、滅多に見かけなくなりました。

適切な量と部位を見極めるにはドクターの腕が最も重要であるのは間違いありませんが、「思ったのと違う！」と不満を抱くのは、ドクターと患者の「仕上がりイメージ」に往々にしてズレがあることが原因であったりします。

たとえば、欧米では、不自然さなどおかまいなしに「いかにもボトックス打ってます」的なシワひとつない人工的な仕上がりが好まれます。「ドクターがアメリカ帰りで腕がよさそうだから」というクリニック選びが裏目に出るのはこういう場合です。施術例の写真などを参考に、自分がイメージする仕上がりを探してクリニックをいくつか回るのも、失敗を避ける秘訣です。

なかには病気が隠れている場合も！

おでこ（前額部）のシワで悩んでいる人で、目のまわりが疲れやすくなっている方は、「眼瞼《がんけん》下垂《かすい》」（１８６～１８９ページ参照）の可能性も疑ってみてください。これはまぶた（上眼瞼）を引っ張り上げている筋肉がのびきって弱くなり、しっかり上がりきらないので、物が見えづらい状態になることをいいます。

前額部の筋肉を使って上眼瞼を持ち上げなければ物が見えない場合には、眼瞼下垂が疑われます。この場合は、眼科や形成外科で、皮膚を切開して上眼瞼を引き上げる眼瞼挙筋という筋肉を短縮する手術が保険適用で受けられます。

日常生活の中で

TECHNIQUE {1}

NG習慣をなくす

おでこと眉間のシワは、表情ジワが固定してしまったものです。次のNG習慣に心当たりがある場合には、すぐさま改めましょう。

①スマホやPCを長時間使う

スマホやPCの画面を見るとき、無意識に眉間にシワを寄せている人は多いもの。デジタルガジェットを使う時間を減らすか、どうしても仕事で長時間使わなければならないという場合には、シワを寄せないよう意識することが大事です。

②物を見るときに目を細める習慣

小さい字が見えにくくなっても、裸眼で頑張っているあなた、癖がついちゃってますよ。お気持ちは痛いほどわかりますが、老眼を忌み嫌うこと自体、若さへの執着。ここはひとつ、おしゃれなフレームのリーディンググラスをゲットして大人の対策を。

③イライラ&驚きの表情表現が豊かすぎる

イラついたとき、目を見開いたときなど、無意識におでこや眉間にシワを寄せるクセがついている可能性大。電話で話しているときに自分を鏡で見たりして、表情グセをチェックしてみましょう。

頭皮マッサージでおでこ全体をリフトアップ

顔と頭皮は1枚の皮でつながっていますので、おでこや眉間のシワの改善には、頭皮マッサージも効果的です。頭皮が硬くなると顔を引き上げる力が弱まるからです。

両方の手のひらを軽く開き、頭全体をつかむようにしながら、指の腹で押していきます。頭全体を押すように、ときどき場所を変えながら行いましょう。圧が強すぎると、「痛い!」とおでこや眉間にシワが寄ってしまうので、「痛気持ちい

Back Stage

い」程度を心がけて。

美容サロンのヘッドスパを利用するのもいいですね。頭皮がリフトアップされ、髪も美しくなって一石二鳥です。

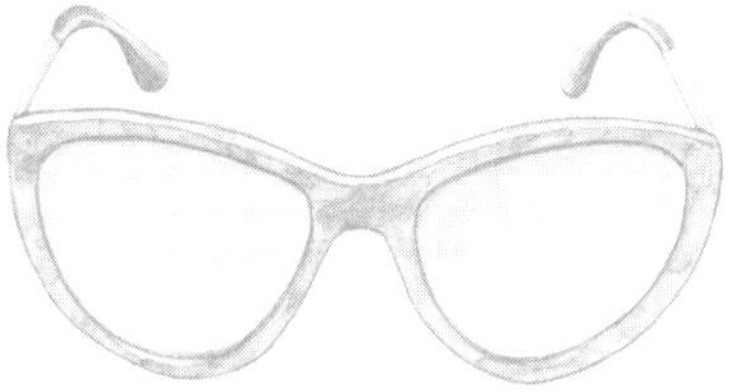

TARGET

5

目尻や目の周囲のシワ

目指すは、セクシーでチャーミングな目尻のシワ！

シワはよく動く部分にできます。口元や目尻は、顔の中でいちばん動くところで、特に目尻は、皮膚が薄く乾燥しやすいので、細かなシワができやすい。笑ったときに目尻にできる笑いジワは、キュートでセクシーですが、加齢や紫外線により、ハリを生み出す真皮のコラーゲン線維の弾力や量が低下して元に戻らなくなってしまっている〝カラスの足跡〟となると、話は別です。

メイクで

TECHNIQUE {1}

明るい下地＋ハイライターで崩れない目元に

目尻のシワを隠そうと、目のまわりにファンデーションやパウダーをしっかりつけすぎると、化粧が崩れて、シワがかえって悪目立ちすることに。よく動く目元は、重ねれば重ねるほどヨレるので、いかに薄く、でも明るさを出すかが勝負です。

「ふと鏡を見たら、目尻のシワにファンデがたまっていて、ギョッ！」とならないためには、**ファンデーションもパウダーもごく薄めにつける**のが正解です。

もしたまってしまったら、綿棒で軽くなじませますが、ファンデがたまる目尻にうんざりしているなら、思い切って**目のまわりにファンデとパウダーはつけない**という手もあります。

その場合には、メイク前に**化粧下地やCCクリームなどで目尻や目周りを明るくしたあと、ペンタイプのハイライターなどで仕上げ**ます。

Stage #01

化粧直しは、何もついていないスポンジでササっと皮脂とメイクをなじませるだけでOK。

スキンケアで

Stage #02

TECHNIQUE {1}

真皮性の深いシワはコスメではケアできない

目尻のシワもうっすらした小ジワのうちなら、紫外線対策や保湿ケアによって、真皮性の深いシワへと進行するのを遅らせることができます。

紫外線は肌の組織を傷めますし、乾燥はバリア機能の低下を招き、有害物質が侵入してコラーゲン線維を変性・断裂させてしまいます。そのため、乾燥小ジワ対策用のシートマスクなども効果的です。

ただし、深い表情ジワまで進行すると、残念ながら、コスメで、なかったことにはできません。

ノンサージェリー施術で

TECHNIQUE {1}

オススメはマイクロボトックス！

目尻のシワとりでは、ボトックス注射がポピュラー。費用は4万円前後で、約1週間で効果が表れ、半年間ほど効果が持続するのが一般的です。目尻に筋肉の動きを和らげるボトックスを注入することで、シワが出なくなるばかりか、新しいシワができなくなるというメリットがあります。

ただし、わたくしは、笑いジワはその人がいかに人生を笑顔で（笑顔を人に与えて）過ごしてきたかの証明だと考えています。目尻の動きを弱めるということは、やはりイキイキとした笑顔が作れなくなるということ。

そこでお勧めは**マイクロボトックス**です。神経を狙う通常のボトックスより浅い真皮部分に細かく（ときに希釈して）打つことで、毛穴の収縮をはじめとした肌のテクスチャー全般が改善されるというもの。筋肉注入はほんのポイント程度にして、その周囲にマイクロボトックスを打つことで不自然な表情となるのを回

Stage #03

避できます。

目のまわりの細かいシワには、**「フラクショナルEr：YAGレーザー」**、**「フラクショナルCO2レーザー」**も適応可です。他にも**「ウルトラセル」**の**「イントラセル（SRR）」**、**高周波の「サーマクールアイ」**、**近赤外線照射の「タイタン」**の他（50〜54ページ参照）、それらと**ピーリングや水光注射**（159〜160ページ参照）**などとのコンビネーション治療**で、自然さをしっかり残しながら緩やかにシワを目立たなくしていくやり方もあります。

ボトックスを注入しても、マシーンでタイトニングしても改善が見られない場合は、ヒアルロン酸の注入を行うこともあります。

TARGET 6

シミ
実は奥が深い、シミとの仁義なき戦い

シワとならんで、わたくしたちが人の年齢を類推する材料に使っているのが、シミではないでしょうか？　特にナチュラルエイジングの男性。シミだらけのお顔に人生の歴史を感じます。

一方、気がついたら、手足のところどころに色素沈着。虫さされやちょっとした傷、火傷の痕がなかなか消えなくて、いつのまにかシミのようになっていたりしませんか？　よく見れば、顔のあちこちにも……！
でも、あきらめるのはまだ早い！　できることはたくさんあります。

ただ最初にお断りしておきたいのは、何事も過ぎたるは及ばざるがごとし。完璧主義に走らずに、シミは、本当に目につく大きくて濃いものだけカバーしたり除去したりすればよしとすることです。

遠目から見ると透明感があり、近くに来てみると、素肌が透けて小さなシミが見え隠れする、というくらいのほうが、大人の女性の余裕が感じられるもの。完璧すぎる肌よりも、年相応にちょっと隙があるくらいのほうが、ほのかな色気が薫ります。

相手が男性でも女性でも、「もっと知りたい」と思わせたいなら、隠しすぎないほうがいい。これが大人の世界のルールです。

メイクで

TECHNIQUE {1}

シミ隠しには、スティックコンシーラーが基本！

まずは、メイクによるシミ隠し。そしてシミ隠しといえば、シミをカバーして肌に明るさをくれるコンシーラー。最近ではスティックタイプやリキッドタイプ、ペンシルタイプなど、さまざまなタイプが登場しており、どれを選ぶべきか迷ってしまいます。

プロのヘアメイクアップアーティストは、目元専用、くすみ専用、シミやほくろ専用など、部位や悩み別にコンシーラーを使い分けるのが当たり前とか。しかし、忙しい大人の女性の日常使いには、あまりにも面倒くさい……というのが正直なところでしょう。

使い勝手のよさからいえば、断然優れているのはスティックタイプ。わたくしも友人のヘアメイクアップアーティストから、「リキッドタイプをブラシ使いするときれいに仕上がる」と聞いて試してはみたものの……確かにリキッドはのびがよく仕上がりもきれいなのですが、手の甲になじませたり、筆についたコンシーラーをふきとったりする手間があり、さらに、慣れないと、つい厚塗りしてしまうリスクもあってあきらめました。

その点、**スティックタイプ**は、手軽に使え、あらゆる肌悩みをカバーしてくれる万能選手。水分の少ない固めより、水分の多い柔らかめのテクスチャーのものを選ぶと肌なじみがよく、シミをピンポイントでカバーしたり、広めのくすみや色ムラに薄くなじませて使ったりと、さまざまな肌悩みに対応できます。

たとえば、TV&MOVIEの「10minミネラルスティックファンデ」は、SPF50+にPA++++とUVカットもバッチリで、色なじみも使い勝手もよく、持ち運びにも便利です。

ちなみにコンシーラとファンデーションの順番ですが、同じメーカーのものでしたら取説にしたがって。そうでなければ決まりごとはないので、2つ試してなじみのよいやり方をチョイス。

Stage #01

気になるシミよりひと回り大きくコンシーラーをのせ、指でトントンたたき込むようにしてなじませるのが、使い方の基本です。

冒頭でいいましたように、**シミは、本当に目につく大きくて濃いものだけカバーすればよし**とします。とはいっても、クラス会などで「肌キレイ！」と格別にほめられたいときってありますよね。そんなときは、**ペンシルタイプ**のコンシーラーを小さいシミに点置きし、きっちりカバーしてしまいましょう。

スティックタイプより水分が少なく、肌にぴたっと密着します。ただし、水分が少ないぶん乾燥しやすいことから、よく動く目尻や口まわりなどには、ヨレてしまって不向きなので、ご注意ください。

なお、色素沈着になってしまった手足の虫刺され痕には、地肌に合わせたお好きなタイプのコンシーラーを。わざわざボディのものを揃えなくても色さえ合えば代用できます。

スキンケアで

TECHNIQUE {1}

シミ対策は、まず予防。紫外線対策から！

「シミ対策には予防が第一。そのため、1年365日、いつでもどこでも紫外線による刺激を徹底的に避けましょう。身体もなるべく紫外線カット生地で覆って、素肌はなるべくさらさずに。洗濯物を干すときに、うっかりすっぴんで数分、陽に当たってしまったですと？　そんなことは断じていけません！　なんといっても光老化、という言葉があるくらい、諸悪の根源が紫外線なのですから！」と、抗老化美容を専門に掲げる皮膚科医なら声高らかに主張するのでしょうが、わたくしは〝センシュアルエイジング〟を提唱しておりますゆえ、少しスタイルが違います。

われわれはオゾン層の破壊の激しいオーストラリアに住んでいる白色人種ではないのです。良質なメラニンにほどよく守られている黄色人種は、紫外線には比較的強い民族といえます（ちなみに紫外線にいちばん強いのは天然のサンスクリーン、メラニンの働きがいちばんよい黒色人種の肌ですね。皮膚科学的にいえばいちばん肌老化が遅く、肌質が美しいのは黒色の肌であります！）。

陽に当たることで、ビタミンDが効率よく生成され、赤外線の感受で体温が上がり、セロトニン、メラトニンなどの脳内ホルモンの分泌が促されて、良質な睡眠が得られ、また免疫機能も活発化します。

最近では、眼科領域の研究から日光は近視の予防にも関わると発表されました。

紫外線の恩恵は受けつつ光老化を予防する、そのバランスが大事と考えます。

もちろん、日光過敏症や白人なみに日光に敏感な肌質をもつ方の場合は徹底防御、徹底カットです。


さて紫外線には3種類ありますが（巻末図表参照）、肌老化の原因になるのは地表にまで届く**ＵＶＢ波（Ｂ波）とＵＶＡ波（Ａ波）**の2つです。

ＵＶＢは肌表面の細胞を傷つけ、炎症を引き起こして肌を赤くさせ（サンバーン）、皮膚がんやシミの原因になります。ＵＶＡはより肌の奥深くにある真皮まで達し（サンタン）、肌のハリを保つコラーゲンを破壊し、シワやたるみを招きます。紫外線がシミだけではなく、肌全体を衰えさせてしまう原因になるといわれるゆえんです。

世界基準であるSPF値の意味については、みなさんご存知ですか？

「紫外線をその値の％だけカットする」という意味ではありません。**「何も塗らなかったときに比べ、サンバーンとなってしまう（UVBを浴びたとき肌が赤くなる）までの時間（分）を何倍に延ばすことができるか」**という値です。

たとえば20分で肌が赤くなる人が、SPF20のUVクリームを塗ると、20分×20倍＝400分、つまり約7時間弱は肌が赤くなりません。同じSPF値でも10分で肌が赤くなる人には約3時間と、その人の肌質によってプロテクトされる時間が変わります。

PA値はもともと日本発祥（日本化粧品工業連合会）の基準で、こちらは**UV**

Aをカットする力を示します。「＋」ひとつにつき2〜4倍日焼け（サンタン）を遅らせる効果があり、＋＋＋＋まであります。

普段使いなら＋＋〜＋＋＋くらいが一般的です。PAにあたるものが、アメリカではBroad Spectrumで、EUではUVAPF値（UVA：Protection Factor）となります。

一方、営業で外回りをしていたり、アウトドアスポーツなどを日常的に楽しんだりしている場合には、SPF50、PA＋＋＋＋のものを普段使いしたほうがよいでしょう。

この際、帽子やサングラスなどの小物や、ストールをふわりと羽織るなどおしゃれに凝るのもアリですね。

TECHNIQUE {2}

美白コスメが効かないシミもある

シミを予防する美白コスメには、ルシノールというメラニン生成を抑制する美白成分を独自に開発したPOLAの「ホワイトショット」シリーズ、美白に特化した独自成分4MSKとトラネキサム酸配合の資生堂の「HAKU」ブランドなどがよく知られています。

美白成分の中でも皮膚科となじみが深いのが**ハイドロキノン**。ハイドロキノンは、麦芽、いちご類、コーヒーなど天然にも存在する成分です。その中のメラニン色素合成作用を抑えるチロシナーゼ活性阻害作用は、コウジ酸やアルブチンの数十〜数百倍といわれます。もともと刺激や炎症などを誘発することがあるため、医師の管理下で使用されていたのですが、2001年にコスメ市場に解禁されました。

いまでも濃度2%以上のものは安全性や安定性の問題から医師の指導による使用が推奨されます。ドクターズコスメは現状、濃度5%あたりが多いですが、使用には十分ご注意ください。

ここで、そもそも論のお話をします。

化粧品と薬品は違うのです。

薬機法によりますと、**化粧品の浸透は〝角層まで〟**（巻末図解参照）となっております。〝肌表面を覆うバリア、0・02mほどのサラフィン〟までです。

そうなるとコスメを使った家庭でのスキンケアというものは、基本、**すべてが、肌というより〝角層**（角質層ともいいます）**〟のケアなのです。**角層はケラチンというタンパク質でできており、**水分保持のために多くの隙間が空いているので、その部分を潤す、**というわけです。

その直下で活発に細胞分裂を行っている表皮細胞やメラノサイトがすむ基底細胞、ましてやコラーゲン線維やエラスチン線維が絡まる真皮などには、**決して浸透しない**（してはいけないことになっている）のです。

〝肌の奥*までグングン浸透します〟と広告に書いてあっても、どこかに必ず極度に小さいサイズで、〝*ただし肌とは角層のこと〟などのエキスキューズがあるはずです。

だがしかし、です。あの記憶に新しいロドデノールの白斑事件や石鹸の小麦アレルギー、あるいは日常で遭遇する化粧品かぶれなどの副作用を考えると、また逆に手応えが実感できるドラッグデリバリー型リポソームやナノ技術を駆使した機能性化粧品、ビタミンC誘導体配合化粧品などの体感をリサーチするにつけ、**角層より奥まで浸透している**のは事実のようです。

現に海外では、**ちゃんとしたデータがあれば、化粧品による表皮基底層までの効果をうたえるのが一般的**です。このパラドックスは知っていて損はありません。

さて、美白コスメは基本、シミ予防や肌の透明感を出すために使うことが一義。シミとして形になってしまった以上、決してお安くない美白コスメを使う前に、わたくしとしてはクリニックの受診をお勧めしたいところ。それは、一口にシミといっても種類があり、美白コスメがまったく効かないものもあることと、コスパがよく即効的な悩みを解消できる可能性が高いからです。

高機能美白コスメを使うと全体に透明感が出て美白度が上がるので、反応なしのシミがさらに濃く目立つようになった、なんて笑えない話もよく聞きます。

代表的なシミには、次の7種類があります。

・おもに紫外線が原因で起きる「老人性色素斑（日光色素斑）」
・30代〜40代にかけて、出産やピル内服を契機に出ることがある、頬骨のあたりに左右対称で出現することの多い「肝斑《かんぱん》」
・皮膚の深い層にできるアザで紫、青、灰色が混在し、左右対称で頬やおでこなどに小さい丸い色素沈着が散らばる「後天性真皮メラノサイトーシス」（ADM）
・両頬や鼻の上に点在する遺伝性の「そばかす（雀卵斑）」
・ニキビや虫刺されなどの炎症が色素沈着した「炎症後色素沈着」
・加齢などによってイボのように盛り上がる「脂漏性角化症」
・日焼けによって肩から背中にできる「光線性花弁状色素斑」

そもそも美白コスメは、表皮メラニン色素の生成を抑制することを狙いとしているため、真皮に取り込まれた色素が原因の「後天性真皮メラノサイトーシス」や小腫瘍の一種である「脂漏性角化症」、皮膚の奥深くで大量のメラニンが生成される「光線性花弁状色素斑」には効きません。ホルモンバランスの変化など紫外線以外の要因も絡む「肝斑」にも、効果は限定的です。

もしメラニン色素以外のニキビ痕の赤みなどもいっしょにキレイにしたいなら、メラニンにも赤みにも同時に働きかけるビタミンC誘導体のコスメを使う必要があります。

また、通常のシミの下に肝斑が隠れている合併タイプのシミも多いので、その場合は外用薬と内服薬を併用しながら先に肝斑を改善し、続いてシミの美白ケアを行う、といった判断が必要になります。

こうしたジャッジは自分ではかなり難しく、〝Care（ケア）〟ではなく、しっか

Stage #02

り結果を出す〝Cure（治療）〟をするには、クリニックで専門医の判断を仰ぎたいところです。

最近では、皮膚科での肝斑治療で処方されるトラネキサム酸を、コスメと内服薬に配合した「トランシーノ」シリーズも好評ですが、やはりファーストステップとして**クリニックでシミの種類を見極めたうえで取り入れる**ことをオススメします。

ちなみに肝斑ですが、妊娠など、女性ホルモンの変化で増悪《ぞうあく》（症状の悪化のこと）することが知られています。R45のメノポーズ以降のみなさまでHRT（ホルモン補充療法）を希望しない場合、だんだんと薄くなっていきますので、〝待ち〟もありです。

ノンサージェリー施術で

TECHNIQUE {1}

まずは気軽なケミカルピーリングで

もっとも気軽な施術で、即効性はありませんが何回か繰り返すことで、シミを薄くしていきます。次のくすみの項で詳しくご説明します。

TECHNIQUE {2}

光治療ファーストで次なる手を考える

一般的に「レーザー」は単一の波長を発振し、対して光治療と呼ばれるＩＰＬ（intense pulsed light、別名フラッシュランプ）は、広帯域の波長を発振する、という大きな違いがあります。

レーザーは単一波長であるがゆえに、ターゲットは限られますが効果は確実、ＩＰＬ治療は幅広い症状に適応がある反面、それぞれへの効果はマイルドといえます。

シミは、いろいろな種類が混在していることがよくありますので、**まずは全体に「フォトフェイシャルＭ22」**（128〜129ページ参照）**に代表される光治**

療（ＩＰＬ）を何度か照射。そこで残ったシミをレーザーで狙い撃ちしてもらうと効率がいいようです。特に、紫外線が原因のごくフツーのシミである「日光色素斑」を薄くしたいなら、このＩＰＬがダウンタイムもなくお勧めです。

レーザーはそのメラニンが存在する深ささえ外さなければ、ＩＰＬよりもキレがいい。要するにシミを消す力は高いのですが、その分、若干ダウンタイムも長めです。

なかでも、ＱスイッチルビーレーザーやＱスィッチアレキサンドライトレーザー、ＱスイッチＮｄ：ＹＡＧレーザー（ＫＴＰ）は、タトゥー除去などにも使われ、確実にシミがとれる強力なレーザーです。

照射後、かさぶた（痂皮）ができて剝がれるまでに数日から1週間ほどを要し、3～4週間後には炎症後色素沈着現象（ＰＩＨ：Post inflammatory hyperpigmen-tation）、俗に「戻りジミ」と呼ばれる色素沈着が見られることがあります。

費用は10㎜径のシミで1万円前後から。1回でシミが確実に取れることが多いですが、戻りジミが薄くなるまで半年から長くて1年ほどかかり、その間、完璧なる紫外線予防が必須です。戻りジミ対策として、トレチノインやハイドロキノン外用を処方してもらうこともあります。

一方で、アザに分類される**後天性真皮メラノサイトーシス「ADM：Aquired dermal melanocytosis」**には、レーザーによる治療が非常に効果的。**Qスイッチルビーレーザー**を使う場合に保険が適用されることがあるので、先にクリニックに確認してください。メラニンが深い真皮に存在するため、通常のシミより多く照射が必要ですが、効果は絶大です。

費用は1回1㎜径あたり1000円から。試し打ちで様子を見てから全体をしてもらうのもいいでしょう。通常のシミなら1、2回で効果が出ますが、ADMなら3カ月ごとに計5回の施術を受けるのが目安です。

TECHNIQUE
{ 3 }

肝斑にレーザーはどうか？

妊娠中や30～40代に発症することから、紫外線とともにホルモンバランスの乱れが大きく関係しているといわれる肝斑の治療で、昔から言われているのは、レーザーは〝効かない、より悪化する、効いても再発する〟というレーザー不適合論です。

けれども、そこに挑むのも医学。現在は、**QスイッチNd：YAGレーザーを低出力で反復照射する**という「レーザートーニング」が選択されます。

この施術は万能ではないものの、効果が出る人も一定数いるようですし、少なくとも毛穴の引き締めや肌質が改善し、垢抜けして見えますので、経験あるドクターの判断のもと試してみるのもアリでしょう。リスクとしては肝斑の増悪（症状の悪化）と、出力が高いと白斑が生じることがあることです。

肝斑においてのファーストチョイスは、やはりレーザーよりドクターメイドの

美白軟膏×内服薬。

外用では、市販コスメでは刺激が強かったり、安定性が悪かったりと何かと使いづらい、**漂白系ハイドロキノンやトレチノイン配合のクリーム**。炎症のほか、副作用の白斑を避けるため、定期的に診察を受けドクターの管理下で使うことをお勧めします。内服薬では**メラニンの生成を抑えるトラネキサム酸やビタミンC**など。

なお、肝斑は〝紫外線〟とともに、〝擦りすぎ〟スキンケアも悪化要因となっています。ゴマージュなどでゴシゴシするスペシャルケアは厳禁です。

炎症後色素沈着には外用薬やイオン導入、脂漏性角化症には炭酸ガスレーザー

「炎症後色素沈着」のシミには、**ハイドロキノンの外用薬**、あるいは微量の電流を用いてイオン化した薬剤を皮膚に浸透させる**「ビタミンC誘導体のイオン導入」**がよいでしょう。

ビタミンC誘導体にはメラニンの生成を抑制する働きがあるので、ニキビ痕の赤みや茶色っぽい色素沈着に効果的ですし、コラーゲン生成を促す力もあり、ニキビ痕の凸凹改善にも力を発揮してくれます。

費用は1回5000円前後から。1回の施術でも効果が見られますが、一般的には1週間に1度の施術を3～4回繰り返すと、効果がより実感できます。

ちなみに、肝斑対策としてメラニンの生成を抑制するトラネキサム酸を、内服ではなく外用することがあります。そのままでは表皮に浸透しないので、イオン導入する施術となります。

ぷくっと盛り上がった**「脂漏性角化症」**のシミ（正確には小腫瘍）には、**炭酸ガスレーザー**が効きます。別名、老人性イボとショッキングな名前でも呼ばれますが、炭酸ガスレーザーならキレイさっぱりシミを除去できます。

皮膚科の保険治療では、昔ながらの〝液体窒素〟を使う方法もありますが、レーザーのほうが仕上がりが美しく、お勧めです。照射後、数日から長ければ数週は赤みがあるかもしれませんが、やがて目立たなくなり、傷跡が残ることもありません。

費用は大きさにもよりますが、シミ1つにつき1万円前後からが相場です。

TECHNIQUE

{ 5 }

皮膚の炎症や傷は早めの対処で予後が決まる

虫刺され、吹き出物、あるいは火傷など、代謝が活発だった若いときに比べ、傷が痕になりやすい、と自覚しているR45世代。お気持ちよくわかります。

炎症直後の早い段階で皮膚科に行って薬をもらうのが原則ですが、日々忙しさもあり、つい放置してしまうものです。いまからでも遅くはありません。皮膚科に行ってください。四肢の虫刺され痕などにはステロイド剤を処方してもらうと、かなり改善する場合があります。

何ヵ月か経過して自然治癒がのぞめそうもない場合、**ハイドロキノン外用**も効果的です。クリニックではシミやニキビ痕の色素沈着に、メラニンの排出を促すピーリング作用を伴った**レチノイン酸（トレチノイン）**と併用して使われることが多いです。

またニキビ痕など、凹んだ傷などには、**フラクショナルレーザー（CO2やYAGレーザー）**を試してみる手もあります。ただし、赤みや痂皮（かさぶた）形成などのダウンタイムや色素沈着（PIH、106ページ参照）のデメリットを抑えつつ、効果を出すのが難しい施術でもあるので、熟練したドクターにかかることをお勧めします。

＊＊

レーザーのロングパルスは〝ミリ秒〟、Qスイッチは〝ナノ秒〟ですが、現在はナノ秒よりもさらに短いパルス幅の〝ピコ秒〟（巻末の「レーザーの種類」の表参照）が登場してきています。これは、**光熱破壊の概念を超えた破壊・粉砕作用**（強烈な衝撃波のようなもの）**によりメラニンを破壊しながらも、炎症後色素**

Stage #03

沈着の発生が抑えられる（放射熱がないので、周囲への侵襲が少なく、ダウンタイムが短い）可能性が期待されているもので、海外ではＴＡＴＯＯ除去において非常に有用との報告がなされておりますが、今後シミ全般に適応される症例も増えていくものと思われます。

このように美容医療は日進月歩を続けており、メーカーもよりよいものを医師に、医師は患者に提供しようと日々努力していますので、良心的で信頼できる情報のアップデートが重要です。

日常生活の中で

TECHNIQUE {1}

UVクリームをいまの2倍。スタンプ塗りの二度塗りを推奨!

「うっかり日焼け」よりも、何より多い日焼けの原因といわれるのが、そもそも塗っている**日焼け止めの量が少ない**ケース。

SPFの数値は、肌1㎠につき2㎎のUVケアクリームを塗って測定されています。2㎎と聞いても想像がつかないと思いますが、女性がレジャーのときに通常塗布する量を8つのUVケア製品で調べたところ、実際の使用量は1㎎どまりでした。塗る量が半分だと、SFP値は表示の半分以下になってしまうことも!

つまり、多くの女性は**ざっくりいまの倍の量をつける必要がある**のです。**二度塗り**を推奨します。

塗り方にもコツがあります。スキンケア感覚で塗り伸ばすと、フェイスラインあたりにUVクリームがたまってしまいます。そのため、手の指先中心にUVクリームをなじませ、**指の圧で押さえるように塗るスタンプ塗り**をしていきます。日焼けしやすい頬骨の上や鼻すじ、耳の上は重ね塗りを。

余ったクリームは両手の甲でスリスリして手のエイジング防止に。

TECHNIQUE
{ 2 }

UVサプリを過信しない

子どものプールやアウトドア、スポーツなど、屋外に出ることが多い人は、飲む日焼け止め「UVサプリメント」を利用するのも一案です。ただあくまでも〝気持ち〟の問題です。

多くは天然ハーブやシダ植物から抽出された「ファーンブロック」といった抗酸化物質が配合されており、紫外線による肌のダメージを減らすだけでなく、発生する活性酵素の働きを最小限にとどめる効果が期待できます。

ですが、UVサプリを飲んでいるからといって、UVクリームを塗らなくていいかといえばそれは大きな間違い。**SPF20に匹敵するとかPA＋＋＋なみ、な**

んてことでは決してありません！

UVサプリにはペプチドやビタミンなど美肌成分が配合されていることも多いので、塗る日焼け止めにプラスする「美肌サプリ」レベルで考えるのが妥当です。

TECHNIQUE {3}

柑橘系果物を食べる時間帯にご注意！

ビタミンCは万能であるからと、ビタミンCがより多く含まれていそうな果物を食べるのはよいのですが、食べる時間帯に気をつけてください。柑橘系に多いのですが、**ソラレンという光感作性物質が含まれていると、逆にシミを促進してしまう**ことがあるのです。

ソラレンを含むものには、グレープフルーツ、オレンジ、レモン、キウイ、アセロラ、セロリ、キュウリ、香りの強いハーブなどがあります。これらは夜に召し上がるのがよいかもしれません。

ちなみに皮膚科では昔から、逆にこのソラレンの特性を使って、投与後にUV

Aを浴びる「PUVA」という光線療法があります。適応疾患は白斑、円形脱毛症、アトピー性皮膚炎、乾癬《かんせん》などです。

メンタルもシミに関係する⁉

実はメラニン色素細胞は、神経系と密接な関係があります。神経系とは、体内の環境変化やストレスの情報を処理して生体各部を調節する役割を担っているところ。つまり、**シミの濃度はメンタルがカギを握っている**というわけです。それもそのはず、発生学的には脳神経系と皮膚は同じ外胚葉由来なのですから。

シミを気にしすぎ、いじりすぎて、その結果、さらに濃くなる悪循環に陥る方もいます。「シミは女性ホルモンが活発な証拠なんですって！」「フランスでは、黒子やシミのことを〝グランドボーテ：grain de beauté〟、美の粒子というのよ！」と自分のシミに大いに自信をもつことも、実はとっても効果のあるシミケアのひとつです。

TARGET 7

くすみ
美肌アプリ不要の透明肌を取り戻せ！

昔の自分の写真を見て、「あれ？　わたしってこんなに色白だった？」と感じたことはありませんか？　ある化粧品メーカーが18〜59歳の日本人女性約260人を対象に調査したところ、40代、50代の「肌の明るさ」は、20代後半のなんと半分以下。「肌の黄色み」は20代後半の2倍近くになっています。

つまり年齢を重ねると、自ずと肌の色はくすんで、黒ずんだり黄ばんだりしてしまうのがデフォルトというわけです。そして、その状態を「くすんでる！」というわけですが、美容業界で何をもって「くすみ」というのか、はっきりした定義はなく、「顔色が茶色っぽくなる」「にごっている」「透明感がない」と感じ方も人それぞれ。原因もさまざまなのです。

メイクで

TECHNIQUE {1}

下地は、色ではなく光でカバーする

くすみが気になりはじめると、ついついカバー力の高い下地を使ってしまいがちですが、実はこれが老け見えの元凶！　**シミまですべて覆い隠してしまうような下地は、厚塗り感の原因**になります。

選ぶべきは、カラーレスで、乳液タイプの下地。**「色」で覆い隠すのではなく、「光」のヴェールをまとわせることでくすみを飛ばし、**肌のアラをざっくりカバー。内側から発光するような透明感で、シミやシワがあっても肌はキレイに見えます。

最後に**下地を首まで塗りのばす**ことを忘れずに。顔と首がちぐはぐになると、〝古さ〟が出てしまいます。質感を揃えるよう気をつけてください。

TECHNIQUE {2}

ピンク下地で、コンシーラーなしでも見違えるほど美肌になる

とはいえ、光カバー下地だけでは「物足りない」「もう少し色ムラを補整したい」という人もいるでしょう。また、あとからコンシーラーでシミをカバーするひと手間が必要だけれど、面倒、という場合もあります。

そんなときは、肌に自然な血色感を与えてくれる**ピンク下地がオススメ**。

ポイントは、顔全体に塗ったあと、**美肌ゾーンに重ね付け**すること。

美肌ゾーンとは、**目の下と頬の上に位置する三角ゾーン**のこと。クマやシミ、シワができやすい場所でもあります。

逆にいえば、**ここさえ澄んだ透明感を出せれば、美肌が完成**、コンシーラーも不要、ということです。

TECHNIQUE {3} 鮮やかなチークで、あえて色ムラをつくる

色ムラ肌を美しく見せるには、下地と同じくらいチークの使い方も重要です。

顔の中にさまざまな色が混在しているのを逆手にとって、鮮やかなサーモンピ

ンク、コーラルピンクなどのクリームチークを頬にまとわせることで、目がそこに引き付けられ、顔全体の色むらが気にならなくなるのです。まさに**「色ムラをもって色ムラを制す」**。

透明感がある肌には鮮やかなチークは目立ちすぎてしまいますが、暗い肌には「派手すぎる?」と思えるほど発色のいいチークが好相性。くすみを払い、血色よく見せてくれます。

鮮やかなクリームチークは、プチプラでもいいものが揃っているので、ぜひトライしてみてください。

スキンケアで

TECHNIQUE {1}

ビタミンC誘導体配合のコスメで、くすみの原因にアプローチ

スキンケアでくすみを解消するには、まず原因を知らなければなりません。ですが、原因は、加齢による皮膚の黄色化だけではなく、乾燥やターンオーバーの乱れで古い角質が落としきれてない、日焼けや色素沈着、寝不足や冷えなどによる血行不良、真皮と毛細血管を流れる血液の量や色など、さまざま。

単純に汚れがくすみの原因になっていることもあります。以前〝極力肌に触れないスキンケア術〟なるものが流行ったときに、現代版あかつき（垢つき）病が症例として報告されたこともありました。

つまり、自分で原因を見極めるのは難しく、しかも原因がいくつか絡み合っていることも多いのですが、実はこうした複合的なお悩みにぴったりの万能成分があります。

それは、**ビタミンC誘導体！　そのままでは皮膚に浸透しにくいビタミンCを化学的に変化させて、皮膚への浸透率を高めたもの**。シミのもとになるメラニンや皮脂を抑制したり、コラーゲン生成を促してキメを整えたりするのに加え、強力な保湿作用もあって、あらゆる肌悩みに効果を発揮します。

ただ、ビタミンC誘導体配合のコスメには、一般に、「美白やニキビケアにはいいけれど、肌が乾燥しやすい」というイメージがあるのも事実です。

実はビタミンC誘導体にはいくつも種類があり、乾燥しがちなものは、アルカリ性で安定した誘導体となります。たとえば、「パルミチン酸アスコルビル酸3Ｎａ（ＡＰＰＳ）」「アスコルビン酸リン酸エステル（アスコルビン酸Ｍｇまたはアスコルビン酸Ｎａ）」です。

一方、保湿性の高い原料は、たとえば、「イソパルミチン酸アスコルビル（ＶＣＩＰ）」、「グリセリルアスコルビン酸」など、**構造式の中にグリセリンがついて**いたり、油脂（ラウリン酸、ミリスチン酸、パルミチン酸、イソパルミチン酸

Stage #02

などが含まれているものになります。

ところが、これらのビタミンC誘導体は、**熱に弱く壊れやすい**ため、市場に大量に出回る市販品に含まれていることは少なく、かつては美容クリニックでしか手に入りませんでした。しかし、いまでは、これらの成分が配合されたドクターズコスメが数多く登場し、薬局やネットで購入できるようになっています。

ビタミンCマニアにお勧めなのが、中国富裕層向けに開発され、日本では特定のクリニックで販売されている「HONSSO（本素）」のビタミンC誘導体4種配合のエッセンス。容器を酸性とアルカリ性に分けて成分を壊さずに保存し、使うときにミックスして使うタイプです。特有の粘着性やじわっとくる熱感がいかにも高濃度ビタミンC的で、洗顔後の導入ブースター役にぴったりです。

ノンサージェリー施術で

TECHNIQUE {1}

透明肌になりたいならまずは、ピーリング

コスメより即効性や確実性がほしいなら、美容医療の出番です。くすみ解消の第一選択肢は、ピーリング。1990年代に登場し、一世を風靡したピーリング剤は、現在までさまざまな種類が登場し改良が重ねられてきました。クリニックで汎用されているのは、**「グリコール酸」**、**「サリチル酸マクロゴール」**、フランス発の**「ミルクピール」**の3つです。ニキビの治療によく使われます。

「グリコール酸」はフルーツ酸（AHA）の一種で、蓄積された余分な角質や毛穴に詰まった老廃物を溶かし、ターンオーバーを整えて肌表面をツルスベにします。さらに、真皮層まで浸透してコラーゲンやエラスチンの生成を促進するので、肌にハリや弾力が蘇るのに加え、メラニン生成を抑制し、シミや毛穴の黒ずみ、肌の色ムラ改善・保湿効果も見込めます。

一方で、肌内部まで浸透するため、なかにはピリピリ感を感じる人も。

「サリチル酸マクロゴール」は、古い角質層だけを狙い撃ちすることから、痛みや赤みが最も少ないピーリング剤のひとつです。

「ミルクピール」は、グリコール酸、サリチル酸、乳酸をミックスしたもの。3つの薬剤の複合効果と施術後のダウンタイムの少なさが特徴で、最近人気を博しています。


クリニックによって、扱っているピーリング剤はさまざまですが、たとえグリコール酸でしか施術が受けられないとしても、個々の肌に合うよう濃度や塗布時間を調整していますので、心配は無用です。

費用は顔1回につき1万円前後から。個人差はありますが、最初は2週間おきに4~5回行い、その後は数か月~半年に1回のペースで行うと、効果が持続するといわれています。ただしやりすぎると、独特の〝赤いビニールのような薄い肌〟に。角層を剝ぎすぎて脆弱となり、健康な肌とはほど遠くなります。

皮膚表面の薄皮を剝いだ状態なので、施術後の保湿や紫外線対策は万全に。普段はセラミドやヒアルロン酸など保湿成分が豊富なコスメでケアし、定期的に肌質をチェックしてもらいましょう。

TECHNIQUE

{ 2 }

IPL（フォトフェイシャル）をプラスすると、さらに透明度がアップ！

「**フォトフェイシャルM22**」に代表されるIPL（Intense Pulsed Light）でも、肌全体の透明感がよりアップします。シミの項目でご紹介した**広域の波長を発振するフラッシュランプ**で、肌に**マイルドな光治療**のことです。

表皮ではシミの原因となるメラニン色素に作用し改善するとともに、フィルターを変えることで照射する波長のピーク値が調整でき、効果に関しては、キレのいいレーザーやRF（高周波）のタイトニングには及ばぬものの、脱毛、赤ら顔、ニキビ、たるみなど幅広く効くように設定できます。

この使い勝手のよさと、多角的な効用による高い満足度から、登場して20年、数々の改良を重ねながら美容医療を世に広めた立役者として、不動の地位を築いています。


施術中は輪ゴムで弾かれるような軽い刺激を感じる程度。痂皮（かさぶた）形成が軽度のためダウンタイムがほとんどなく、施術直後からメイク可能なのもうれしいところです。

費用は顔1回につき2～3万円前後から。ピーリング同様、こちらも個人差はありますが、1、2カ月に1回程度の間隔で数回行うと効果が実感できるようになります。この実感を持続させるには、効果を感じたあとに半年に1回ほどのペースで行うのが一般的です。

TECHNIQUE
{ 3 }

高濃度ビタミンC点滴でインナーケアも加えると最強！

ピーリングとＩＰＬの効果をさらにパワーアップさせたいという欲張りマダムには、**インナーケアの高濃度ビタミンC点滴**をプラスすることをお勧めします。

ビタミンＣは抗酸化力のある成分としてエビデンスがあり、メラニンの生成を抑えたり、できたメラニン色素を薄くする効果もあるため、シミ予防にもなります。疲労や倦怠感、睡眠の質の低下、ニキビ、日焼けなど、ありとあらゆる悩みに効果があるため、自分打ちしている女医も多いようです。

最近では、育毛効果もあると報告されているので、髪にボリュームがなくなってきた方ならいっそう。

ちなみに、ビタミンＣの抗癌作用について研究の進んでいるアメリカでは、州によって、高濃度ビタミンＣ点滴に保険が効くほど、ポピュラーです。

Stage #03

点滴の濃度や頻度は、ドクターと相談しながら決めていきますが、一般的には、くすみが気になるうちは週1ペース、コンディションが整ってきたら月1回程度、定期的に打つことで透明感のある肌がキープできます。

高濃度ほど効果も高いとされていますが、初診時に高濃度ビタミンCが適合するかどうかの血液検査、G6PD検査をしなくてはいけません。稀にですが遺伝により高濃度ビタミンCで溶血する場合があるためです。ただし25g未満の投与の場合は必要ありません。費用は濃度などにもよりますが、12・5gで1万円、25gで1万5千円前後が標準的で、点滴時間は50～60分です。

日常生活の中で

TECHNIQUE {1}

糖化が肌を黄色くする？ 抗糖化対策に、ベジタブルファーストとサプリ

肌が黄色くくすむのは、〝糖化〟が原因という説もあります。甘いものを多くとると、茶色くキャラメルのような色をしたＡＧＥ（Advanced Glycation End Products）という終末糖化産物が肌や骨などに沈着し、肌がくすんで見えるようになるというのです。

ですが、これはあくまで食べすぎた場合の話。糖質については２６１〜２６４ページでもお話ししますが、ウキウキ元気にしてくれるものでもあるので、わたくしとしては極端な糖質制限生活はあまりお勧めできません。

抗糖化研究の大御所に尋ねたところ、食べ方の順番に大原則があるそうです。それが**〝ベジ（タブル）ファースト！〟**。野菜、それもできれば消化に時間がかかる生野菜から食べること。これだけでも血糖値の急上昇がかなり防げます。

そして、食べた糖質を食べなかったことにするいちばんの方法は〝難しい本など読んで極力頭を使うこと〟(!)と、〝質のよい睡眠〟だそうです。

わたくしはさらにお守りサプリもバッグに常備しております。エステプロ・ラボの「トリプルカッター®グランプロ」で、サボテンやマメ、インゲン、トウモロコシの外皮を原料としたボディメイク用の有効成分が配合されていて、突然誘われた〝こってり食事〟のお供に、強い味方です。

TECHNIQUE {2}

1分間の「巡活®マッサージ」で透明肌に

顔色が悪すぎる朝、たちまちに透明感をよみがえらせるのが、解剖学的に静脈の位置を正しく知ることがポイントの**「巡活®マッサージ」**。

わずか1分間の静脈とリンパへのマッサージでリンパと静脈の流れを促すことで、ポンプ作用をアシスト。滞っていた老廃物や水分の体外排出をサポートします。

ちなみに〝リンパドレナージ〟のイメージから、**老廃物を運ぶのはリンパが主と思われがちですが、実は静脈が主役**で、その量はリンパの約10倍もあるのです（ちなみに夕方になると足がむくむ、などの症状は、ガンでリンパ管が閉塞したなどの特殊な状況を除き大半は、静脈の逆流が問題となります）。

くすみが消えて肌ツヤがよくなるのはもちろん、むくみがとれて目がパッチリと大きくなったり、フェイスラインが引き締まって顔全体がリフトアップしたりと、いいこと尽くめ。朝のスキンケアでクリームやオイルなどを使うとき、ついでに取り入れてみてください。

パリにもこの巡活®マッサージが受けられるサロンがあり、「肌質が変わる！リフトアップ効果が翌日まで持続する！」と高い評価を得ています。

ポイントは、

❶エラの角から約１cm内側にあるくぼみである「マンディブラーノッチ（下顎切痕ともいいます）」
❷耳の前にある出っ張り「耳珠」
❸耳たぶのつけ根下のある「耳垂」
の３つのポイントに向かって静脈血を流し込んでいくことです。

最初に両手をこすり合わせたり、グーパーグーパーを数回したりして、手を温めたあとに、次の4つのマッサージを、5回ずつ行います。

①静脈の詰まりを解消

右のマンディブラーノッチに、左手の人差し指から薬指までを当て、鎖骨に向かって5回流す。反対側も同様に。

②目元のクマやむくみをとる

目頭に両手の中指と薬指を置き、頬骨の上を通って耳珠まですべらせたら、マンディブラーノッチを通って鎖骨上まで上から下に流す。

Back Stage

③フェイスラインをすっきりさせる

両手の人差し指と中指を曲げ、第2関節で、あごを前後から挟み、耳垂までこすり上げる。続いて、耳垂からマンディブラーノッチを通って鎖骨上まで上から下に流す。

④顔全体のくすみをとる

目頭に両手の中指と薬指を置き、頬骨の下を通ってマンディブラーノッチまですべらせたら、鎖骨上まで上から下に流す。

TARGET 8

乾燥肌

どんなに保湿しても、カラカラに乾燥して小ジワが目立ってくる砂漠肌！

しっかり保湿したつもりでも、お昼過ぎから乾燥でメイクが崩れる、目元や口元の小ジワが気になる、というのがR45世代のつらいところ。

乾燥の原因のひとつは「厚くなった角層」にあるかもしれません。

加齢によって肌の水分量や皮脂量が不足すると、これ以上潤いを逃がさないよう角層細胞が増殖します。これによって角層が厚くなって肌のキメが乱れると、乾燥や小ジワにつながってしまうのです。

とはいえ、角層はバリア機能の低下を補うために厚くなっていることも考えられるので、ピーリングなどでむやみに剝がせばいいというものでもありません。まずは〝しっかり保湿〟が大前提。これからご紹介する全ステージのケアも、基本、保湿のためのものとなります。

ただし、甲状腺機能低下症、糖尿病、シェーグレン症候群（涙腺、唾液腺などの外分泌腺に慢性的に炎症が生じ、涙や唾液の分泌が低下、乾燥症状を呈する自己免疫性疾患）など、重篤な疾患の兆候として乾燥肌になることもあります。

肌の乾燥がひどいだけでなく、身体全体に体調不全の症状があるときは、病院やクリニックで全身の検査をしてください。

メイクで

Stage #01

TECHNIQUE {1}

保湿効果の高いファンデは砂漠肌の救世主

メイクでは、目尻のシワ（85ページ）のところでお話ししたように、光で小ジワを飛ばすような化粧下地やCCクリームがオススメ。

それにプラスして**ファンデーションを保湿効果の高いものに切り替える**と、いっそう効果的です。近頃のファンデーションの進化は目覚ましく、肌を美しく見せてくれるばかりか、スキンケア効果のあるものが数多く登場しています。たとえば薄づきでも保湿力ある**「クッションファンデーション」**。こうしたファンデーションを使って、日中をエステ時間にしてしまうのです。

進化し続ける**「リキッドファンデーション」**も目が離せません。小ジワが気になる部分に指でトントンと薄く重ねると、しっとりするばかりかシワが目立たなくなって一挙両得！

スキンケアで

TECHNIQUE
{1}

保湿コスメを選ぶ

保湿するには化粧水を外からバシャバシャ補給すればいいんでしょ？　というものではありません。水は蒸発しますし、皮膚にはバリア機能がありますので浸透するにしてもわずかなのです。

角層には、通常15〜20％の水分が蓄えられており、「角質細胞間脂質」「天然保湿因子（NMF）」「皮脂膜」の3つが大事な働きを担っています。

特に角質細胞間脂質の保湿を担う働きは、全保湿機能の7割を超えるとされるため、その細胞間脂質の構成要素の半分を占める**セラミド**が近年注目され続けているのです。

したがって保湿コスメ選びの基本は、**セラミドやヒアルロン酸など保湿成分が配合されたもの**であることです。

TECHNIQUE {2}

何をやっても乾燥する人は「ターンオーバーケア」を

それでもまだ乾燥する人には、乾燥によりターンオーバーが乱れて厚くなった余分な角層をケアすることで、保湿成分が角層にきちんと行き渡るようにすることが重要です。

ターンオーバー促進といえば、ゴマージュが一般的ですが、ゴマージュでの刺激もときに心配。そこで、オススメはアビサル・ジャパンの「シュクレ」。てんさい糖を使った無添加のシュガースクラブです。もともと砂糖には高い防腐性や殺菌性のほか細胞再生の働きがあり、古くから医療現場で使われてきました。

TECHNIQUE {3}

うるうるのツヤがほしい人は「オイル美容」!

オイル美容は、乾燥肌の救世主。皮膚の脂質分泌は冬に低くて夏に高いものですが、R45世代になると、夏でさえも脂質が出ない、1年中乾燥が止まらない、という悲しい事態に陥っていることがわかりました。

そこで、**老いるはオイルで**徹底抗戦！ **角層が蓄えている水分が蒸発しないようカバーをします**。化粧水のあとに美容液として、1、2滴を手のひらになじませ、顔全体を優しく包むようにのせていきます。

目の周りと唇だけは皮脂がほぼ出ないので、乾燥が気になるなら重ね塗りしてもかまいません。物足りなければそのあとクリームを足しましょう。

いまはたくさんのオイルが出ていて、効能や香り、テクスチャーもいろいろですが、乾燥・小ジワ対策なら、やはり**ホホバオイル**、**アルガンオイル**や**スクワラン**などの王道オイルが確実。肌表面の保湿効果のほか、肌荒れを防ぐ抗炎症作用に加え、角層を柔らかく整える働きもあります。アロマも好きな香りで楽しんで。

TECHNIQUE {4}

シートパックはスペシャルなときに

美容に関心の高い本書の読者のみなさまなら、シートパックをお手入れの一環に取り入れていらっしゃると思います。わたくしも職業柄、顔の左右に違う〝パック〟を貼って、官能（センシュアル）からはかけ離れた姿で、官能評価（五感による化粧品使用感評価）をしております。

美しくなるにも美意識優先のフランスでは以前、パックは、〝見た目に美しくない〟と流行りませんでしたが、その流れを一気に変えたのが、台湾で爆発的人気を博している「Timeless Truth」ブランドのバイオセルロース素材のマスクシートパックです。

2015年には、パリの老舗デパート、ボンマルシェに〝BAR A MASQUES（パックバー）〟なるコーナーも登場し、パック人気が欧州全土に飛び火しました。

いずれにしても、パックはスペシャルケアですので、連日使うとなると、お肌にも too much です。最近では最高の〝ながら美容〟といわれる「スリーピングパック」が市場に出回っていますが、内容的には保湿性の高いジェルといった感じで、オールインワンジェルを商品分類上、パックと称して商品化しているものと思われます。

なかには朝まで基剤が残存し、朝一に洗い流すタイプのものもありますが、それはさすがにやりすぎでしょう。夜は夜なりに肌を休め、肌の自己修復力に任せるのが王道スキンケアです。

TECHNIQUE
{5}

乾燥敏感肌のスキンケアは「手づけ」が基本

美容都市伝説・因縁の対決〝どちらがいい？　化粧水はコットンｏｒ手？〟では、模範解答があります。それは該当アイテムの取説をしっかり読んでいただき、開発者の意図を汲んでいただく、ということ。たとえばコットン使用と書いてあれば、そもそもコットン使いのほうがより効果的であるように作られているということです。

もし取説に手とかコットンとかはっきり指示されていなければ、基本お好みでどうぞ、というわけですが、あなたがいま乾燥で肌が敏感になっている状態なら、

Stage #02

ちょっと話は違います。その場合は迷わず手で行うといいでしょう。**コットンの摩擦も刺激になる**可能性があるからです。

まずは、こすり合わせるなどして手を温めて、規定の量を手のひらに取ってなじませ、ゆっくりと上から優しく押さえるようにハンドプレスします。刺激を減らすだけでなく、手のぬくもりでコスメが温められ、浸透を助ける効果も得られます。

ノンサージェリー施術で

TECHNIQUE {1}

ミルクピール、レチノイン酸でしっとり肌を手に入れる

乾燥や小ジワには、前述（127ページ）の「ミルクピール」という選択肢もあります。1回でもメイクののりが違ってきますが、しっとり肌をキープしたいなら、2週間に1回のペースで4～5回、その後は、数カ月に1回程度の定期的な施術が効果的。

ただし、これは加齢で角層が厚くなってきたことが原因の「乾燥」肌対策です。バリア機能が低下し、「敏感」肌となっている場合には、ピーリング系施術はさらにバリアをなくし、症状を悪化させる可能性があります。ドクターによく相談してください。

ケミカルピールで古い角質を取り除いたあとの肌に、レチノイン酸の塗り薬を組み合わせるとより効果的ですが、**レチノイン酸とは、医療機関でしか処方でき**

ないビタミンA誘導体で、皮膚の新陳代謝を活発にするビタミンAを肌に浸透しやすくしたもので、その作用はコスメなどに配合されているレチノールとは桁違いである反面、ときに強い副作用が出ることがあります。ドクターとの相談が必須です。お値段は5gで5000円前後が相場です。

光治療やレーザー、水光注射でも

IPLの「フォトフェイシャルM22」やロングパルスYAGレーザーの「ジェネシス」などは、真皮上層部を加熱してコラーゲンの生成を活性化し、肌表面のキメや水分保持にも効果を発揮。オールマイティな肌の悩みに対処します。

肌の状態によっては、有効成分を直接肌の奥に届け、内部から水分補給をサポートする**水光注射**（詳しくは159〜161ページに）も有用です。

日常生活の中で

TECHNIQUE {1}

「熱いお湯で顔を洗う」のをやめるだけで肌は潤う

どんな高機能コスメを使っても、相変わらず乾燥が解決しない……という人が疑ってみるべきは、洗顔時のお湯の温度です。お風呂に入ったとき、身体を洗うついでに、熱いシャワーで顔を洗ってしまっていませんか？

実は、これをやめるだけですぐに肌の潤いが甦ってくる人が多いのです。シャワーの温度はだいたい38度～40度くらいが一般的。この温度だと皮脂がとれすぎて、乾燥を招いてしまうのです。

汚れを落としながら、皮脂を落としすぎない最適なお湯の温度は32度とかなりぬるめ。日本人が「ぬるめのお湯だな」と感じるのは38度といわれているので、洗顔は「いつもよりかなりぬるめ」で洗うのが正解です。

それでも肌が乾くというときは、朝の洗顔をパリのマダムふうに、拭き取り式に変えてみてはいかがでしょうか。コットンに拭き取り用化粧水を含ませて、顔全体をさっと拭う、というのが彼女たちの流儀です。

「顔を〝洗う〟なんて考えられないわ。だって、肌に負担がかかってしまうもの」

日本には水でバシャバシャ洗う洗顔という習慣があるとお話ししたときに、こんなふうに驚くパリマダムは少なくありません。生活用水が硬水のフランスでは、そもそも石けんの泡立ちが悪く、豊富なミネラル分とで化学反応を起こし、最終的に乾燥してしまうから、というのがその理由ですが、フランス式洗顔法は、皮脂分泌が急激に減り始めるR45世代のジャポネーゼマダムにもお勧めです。

TECHNIQUE

{ 2 }

サウナも乾燥肌解消に効果あり。血行を促進してうるすべ肌に

乾燥肌や小ジワの原因のひとつが血行不良。血の巡りが悪いと、新陳代謝が鈍ってターンオーバーが乱れたり、栄養が皮膚の細胞に行き渡らなくなったりするからです。133～137ページで紹介した巡活®マッサージなども効果的ですが、ここでオススメしたいのがサウナです。健康ブームに沸く欧州各国ではここ

数年、サウナに熱い視線が注がれております。

サウナに入ると体内の中心部分の温度である深部体温が上がり、**血流がよくなって血管の内皮細胞から一酸化窒素が多く作られ、それがさらに血流をアップさせる**ということが医学的に証明されています。そして、血流がよくなると、新陳代謝が活発化してターンオーバーが整い、内側から潤う肌になっていきます。

しかも、身体が温まることで身体をリラックスさせる副交感神経が優位になり、便通や睡眠の質も改善されます。

さらに、肌を外的刺激から守る皮脂膜は、皮脂と汗の成分とが混ざり合ってできていることから、たっぷり汗をかけるサウナは、乾燥肌を救ってくれるありがたい存在だともいえます。この汗、普段は悪者になりがちですが、汗の成分である乳酸ナトリウムは肌の天然保湿因子。肌の潤いには欠かせないものなのです。汗をよくかく夏は一年のうちでいちばん肌が潤っている理想的な状態とされます。

サウナでしっとり肌を蘇らせるために、注意すべきポイントは次の4つです。

①100度未満のサウナを選ぶ

100度以上の高温サウナは、肌の水分を必要以上に奪ってしまい、デメリットがメリットを上回ることも。熱は上のほうに集まるため、天井近くは床付近に比べて25度も温度が高くなっています。熱が強いときは下段の席に座るようにするか、低温のミストサウナなどを選ぶといいでしょう。

②サウナに入る前は身体をよく拭く

体が濡れていると、水分の蒸発熱で身体が冷え、発汗作用が弱まってしまいます。しっかり汗をかくためには、身体の水気はきちんと拭き取ってから入りましょう。

③サウナ⇕水風呂（シャワー）を3〜4回繰り返す

サウナのあとの水風呂は必須、といわれても苦手な方も多いでしょう（わたくしがそうです）。その場合は冷たいシャワーで代用。心臓から遠い手足に水をかけ、静かに入り（あるいはシャワーを浴び）ます。身体が冷えて、また温まりたくなったら、サウナへGO！

④水分補給や保湿ケアを徹底して

大量の汗をかくので、サウナ後はコップ1杯程度の水を必ず飲みます。肌も角層が柔らかくなり、剝がれやすくなっているため、顔や身体をゴシゴシ洗うのは禁物です。さらに、乾燥しやすい状態になっているので、化粧水やクリームを重ね塗りしてしっかり保湿しましょう。

TARGET 9

ツヤと張り

いつの間にか消えたツヤよ、カムバック

肌のツヤに影響を与えているのは、肌のキメ。キメは細い線のよう見える「皮溝」と、皮溝に囲まれた「皮丘《ひきゅう》」からできています。水分や油分がちょうどいい状態であれば皮丘がきちんと整列してキメが揃い、光を存分に反射して肌にツヤが生まれますが、加齢や乾燥などによってターンオーバーが乱れると、皮溝が浅くなったり広がったりして皮丘が崩れ、光の反射がわずかになってしまいます。

メイクで

Stage #01

TECHNIQUE {1}

下地を変える

失われたツヤは、「皮丘」を整える効果のある下地で補うのがいちばんの早道。TV&MOVIEの「ブライトUVエッセンス50」は微細な粒子が肌のアラをカモフラージュし、厚塗り感がないのにしっかりツヤツヤ肌が作れます。上品なコーラルピンクでくすみや色ムラも同時に解決です。

ベースでなかなか調整が難しいときには、フジコの「光クッション」。ハイライト部分にのせると、瞬時に艶やかに光を反射してツヤ肌に見せ、立体感も出るという優秀プチプラアイテムです。

スキンケアで

TECHNIQUE {1}

クレンジングをバームに置き換える

ツヤ肌にはクレンジングが重要。**バームクレンジング**を試してみませんか。**これは、ミツロウやワセリンなど油脂性の高い成分に洗浄成分を加え、半固形状にしたもの**。オイルは手軽さが魅力ですが、洗浄力が強め。クリームやミルクは肌への負担は少ないものの、メイク落ちに不安がある。その点、バームなら、メイクや汚れをしっかり落としながら、肌表面にフタをして潤いを逃さない。それにより、肌にサテンのようなツヤと輝きが蘇る、というわけです。

D・U・Oの「ザ クレンジングバーム」のように、バームをなじませたあと水で洗い流すタイプもあれば、デ・マミエールの「クレンジングバーム」のようにホットタオルを当てて優しく拭き取るものなど、商品によって使い方はまちまち。肌になじむまで時間がかかるので、オイルやミルクより少し時間をかけて丁寧に洗顔するのがポイントです。

ただしクリームよりも界面活性剤が高めであることが多いので、肌には残さないように。油分が落ちにくいのが気になるなら洗い流しタイプ、慣れてきたら拭き取りタイプを。

TECHNIQUE

{ 2 }

泡立てない洗顔、クレイで洗う

SPA併設サロンなどで時に遭遇するクレイ(泥)パック。ミネラル豊富で良質なクレイは、昔から薬として内服したり、傷薬として外用されてきました。日頃〝洗顔には優しいきめ細やかな泡立ちこそマスト!〟と、せっせと毎日泡をモコモコ作っているわたくしたちにとって、クレイパワーは新鮮触感。

界面活性剤フリー、石鹸成分フリーで、洗浄効果のあるイエロークレイを主成分にした、FAITHの「ウィズアウトEXクレイウォッシュ&パック」は、潤いやツヤ感を失わずに汚れや不要な角質のみきれいにとれると、美容コンシャスマダムの間で話題です。

TECHNIQUE {3}

ツヤ不足は血行不良も原因だから マッサージも有効！

血行不良も肌のツヤを失う一因です。時間があるときはマッサージ用のオイルやジェル、バーム等でゆっくりとマッサージを行い、血行を促しましょう。

ただし、クレンジング時に熱心にマッサージをするのは、汚れを肌全体に広げ、浸透させることになるので、お勧めできません。あくまでメイクオフし、クリーンになったお肌で行うこと。やり方は133〜137ページの「巡活®マッサージ」をご参考に。

なお、肝斑などシミがあったり、普段から顔の〝いじりすぎ〟の傾向のある人は、あえて顔を触らず、ボディのマッサージで血行をよくする方法をお勧めします。

ノンサージェリー施術で

TECHNIQUE {1}

ツヤ肌には「水光注射」がオススメ

肌にぷるんぷるんのハリツヤを求めるなら、「水光注射」がお勧めです。水光注射は、韓国発の肌質改善〝吸引式剣山スタンプマシーン〟とでもいいましょうか。剣山はごくごく細い注射針になっていて、そこからヒアルロン酸などの有効成分を注入します。

もともとフランスには、治療の目的に合わせた薬剤を、細い針で何十カ所、何百カ所に注入する「メソテラピー」という療法があり、1970年代に広く普及しました。注入の深さや間隔など、医師の職人技が試される手技でしたが、水光注射はその進化型といえます。

コスメでは浸透しない真皮層に美容成分をダイレクトに打ち込むことができますし、**細い針で皮膚に穴を開けることでダメージを受けた肌が回復しようとする過程でより多くのコラーゲンが生成**されます。

そのため、肌のツヤとハリがアップするのはもちろん、キメが整う、乾燥や小ジワが改善する、毛穴が引き締まるなど、幅広い効果が得られます。

注入する薬剤は、ベースに粘性の低いヒアルロン酸を使用しますが、肌に栄養を与えたいなら、ビタミン剤やアミノ酸、肝斑対策としてトラネキサム酸、あるいは小ジワ対策のマイクロボトックス療法としてのA型ボツリヌス菌毒素製剤などのカクテルも可能です。費用はどの薬剤でも5万円前後が相場です。

ダウンタイムは内出血が消えてくるまでの数日ですが、翌日からコンシーラーとメイクで十分なんとか隠せる程度です。個人差はありますが、施術後1週間から10日くらいがハリツヤともにいちばん美しくなるといわれていますので、大事なレセプションなどの勝負日から逆算して施術を受けるのもお勧めです。

3、4週間おきに何度か繰り返し行うことで効果が定着してくるといわれますが、1回で違いがわかる人も多いといいます。

Stage #03

TECHNIQUE {2}

ただし、表面麻酔を行うものの、施術中の擦り傷をさらに上からひっかくような特徴的な痛みは目をつむらなくてはいけません。紫斑になりやすい体質の人は、数日はすっぴんホラーで楽しみましょう。痛みと内出血具合に関しては個人差がかなりあるようですので、まずはドクターに相談してからトライ！

肌質改善オールマイティなIPLやレーザーで

ちなみに、これまでに頻繁に登場する**IPLの「フォトフェイシャルM22」**や**ロングパルスNd：YAGレーザーの「ジェネシス」**のオールマイティ肌悩み対応は、ツヤ肌になりたいときにも有効です。

TARGET

10

目袋

若さの象徴「涙袋」が、いつの間にか、老け見えの元凶「目袋」に⁉

下まぶたにぷっくりと盛りあがった「涙袋」は、ホルモンタンクと呼ばれ、女性的魅力の源といわれています。最近では中性的でつるんとキレイな男性タレントにもよく見られます。

ですが、年齢を重ねていくと、眼球のまわりの筋肉が衰えて眼窩《がんか》脂肪を支えきれなくなり、涙袋より少し下の部分が膨らみ始めます。それが「目袋」の正体。

最初の頃は、「あれ？　クマが目立ってきた」と感じる人が多いようですが、次第にポケット状に盛り上がった「目袋」に変化し、お疲れ顔の温床になります。**魅力のもとだった涙袋と融合、拡大化して立派な目袋になってしまう悲劇も。**日本人は西洋人に比べ顔のつくりが平坦なため、若くても目の下のたるみは目立ちがちなのです。

だからといって、必要以上にコンシーラーやファンデーションで隠そうとすると、かえって悪目立ちしてしまいます。では、どうすれば？　わたくしがフランス女性たちから学んだことを中心にご紹介しましょう。

メイクで

TECHNIQUE {1}

カラーアイラインでたるみをカモフラージュ

もともと〝目力命〟のフランス女性は、カラーアイラインを実に巧みに操ります。**目立つポイントをあえてエイジングサインの近くに作る**ことで、視線をそちらに誘導してしまうという作戦。ポイントは、ネイビーやボルドー、バイオレットなど、**シックなカラーラインを、目尻だけに太めに効かせる**ことです。

黒のアイライナーで下地を作ったあと、目尻より少し外側にカラーアイライナーをあて、瞳の外側まで斜め下にラインを描き、次に、目尻から瞳の外側に向かってラインをスッとのばします。

大人のゆるんだまぶたは、目尻が埋もれがちなので、**7、8㎜ほど目尻からはみ出させる**と、美しく仕上がるのです。

TECHNIQUE {2}

下まつ毛にはノーマスカラでリフトアップ効果を狙う

目袋に視線がいかないようにするには、下まつ毛はノーマスカラに限ります。下まつ毛にマスカラを塗ってしまうと、目が下に引っ張られてたるんで見えてしまうのです。

ひと頃、目を大きく見せるために上下まつ毛にたっぷりマスカラを重ね塗りして「フレーム効果」を狙う、というメイクが流行りましたが、あれはひと昔前のやり方。下まつ毛に視線がいくと、目の下のたるみやくすみが目立ってしまうので、するならメンテナンス後にしましょう。

TECHNIQUE {3}

かすかに残った涙袋の復活メイク

まだ、かすかに涙袋が残っているという方は、この際、目袋のことは忘れて、アイシャドウとハイライトで、涙袋を〝復活〟させてもよいでしょう。

Stage #01

ノンサージェリー施術としてヒアルロン酸注入で涙袋形成という手もあり、多くのタレントが行っているとの噂ですが、R45世代には「目袋」との融合が案じられるため、一般的には勧められません。それより、メイクで！　というわけです。

目を見開いたまま、下まぶただけを上に動かして目を閉じようとしてみてください。涙袋がはっきりしますね。その縁に薄いブラウンのシャドウで影をつけ、いちばん膨らんでいる〝嶺〟の部分にハイライトを沿わせるだけ。ハイライトは光沢のあるペンシルタイプかリキッドタイプのものがオススメ。自然に光を反射して、瑞々しい目元に見せてくれるでしょう。

ノンサージェリー施術で

TECHNIQUE {1}

ヒアルロン酸注入で頬との境を膨らませて対処

R45世代の涙袋形成には勧められないヒアルロン酸注入ですが、目袋の上部や下部に入れることで、頬を少し高くし、凸凹をならして境目をぼかすには効果的です。

頬を高くすることで、より若々しくなり、他のシワものびて、とラッキーな方もおりますが、骨格によっては逆にバランスが悪くなったりします。重みで頬全体が下垂して、ほうれい線がよけいに目立つこともあります。ここはもう、ドクターの腕や経験則が問われるところです。

TECHNIQUE {2}

目の周囲に特化した超音波や高周波でタイトニング

「ウルトラセル」で下眼瞼目袋付近に照射するものとして、**イントラセルSRRとHIFUのTypeB**があります。

イントラセルSRRは眼瞼表皮のタイトニングを狙うもので、HIFUは、深さ3・0㎜の脂肪組織をターゲットに、目袋を含めた目元の引き締め効果を狙って行います。費用は組み合わせにもよりますが、5～8万程度。

予算があれば、**高周波の「サーマクールアイ」**、**HIFUの「ウルセラアイ」**も適応です。サーマクールアイで10～15万円、ウルセラアイで20～30万円ほどです。

メスを使って

Stage #04

TECHNIQUE {1}

目の裏、結膜部分からの脂肪除去なら〝手術しました感〟ナシ

もっとも手っ取り早くて効果があるのが、目の裏(あっかんべーで見える部分)、結膜部分から、小切開を加えるか、あるいは炭酸ガスレーザーでの「下眼瞼脱脂術」。目の裏から行うので、傷跡は外から見てもまったくわかりません。

費用は30万円前後です。

また頬全体のたるみやほうれい線も気になっている方は、スレッド(59ページ参照)との複合治療がより有効といえます。

TARGET

11

コケ顔

頬、目、こめかみ etc.
顔のいろんなところが
コケたりくぼんだり……

若い頃は、ぷっくりほっぺがいやで、とにかく小顔化！　と、ほっそり顔に憧れていたのが、ふと気がつくと、ほっそりを通りすぎたコケ顔に……。頬がくぼんだり、目が落ちくぼんだり、こめかみがペコッと凹んだり……。原因は、お肉が削げやすい骨格に加えて、筋肉の衰え、皮下脂肪とコラーゲンの減少などです。

メイクで

TECHNIQUE {1}

くぼみが気になるところは、下地を重ね塗りして影を消す

顔のいろいろなところのくぼみが気になるようになったら、厚づき感がなく、悪目立ちしない下地を選び、くぼみが気になる部分に重ね塗りすると、明るさが増してくぼみが気にならなくなります。

TECHNIQUE {2}

こけた頬には「レッド」に「ライトピンク」を重ねる

頬とまぶたのくぼみは、膨張色をのせてふっくら見せます。ファンデーションのあと、まず**〝レッド〟の〝クリームチーク〟**を笑ったときにポコッと盛り上がる頬の丸みに入れて、血色感を出します。**その上から〝ライトピンク〟の〝パウダーチーク〟をやや広めに**重ねるように、横長のだ円形に入れて。

レッドは血色が失われがちなR45の肌には欠かせない色ですが、膨張色ではないので、明度の高いライトピンクを重ねることで、ふっくら感を足します。

TECHNIQUE
{ 3 }

くぼみまぶたはツヤ系のベージュピンク一色でOK

くぼんだまぶたは、朝はそれなりに大丈夫でも、夕方になって疲れてくるとさらに、目が落ちくぼんで見えがちです。そのため、くぼみが強調される**ダークなアイカラーではなく、ツヤ感のあるシアーな発色のベージュピンクのクリームシャドウ**を選ぶとよいでしょう。

指先で上まぶたのいちばん膨らんでいる部分にのせ、ワイパーのように左右に動かしながらまぶた全体になじませると、明るく自然なグラデーションができて立体的な目元になります。

NGなのは、あれこれ色を重ねてグラデーションを作ること。重ねるほど、くぼみの深さは増していくと心得てください。

まぶたのくすみが気になるなら、アイメイク前にアイリッドベースなるものをまぶた全体に仕込んでおくのも手です。美容成分が配合されているので乾燥も防げます。

Stage #01

眉は、上がり眉だとよりコケて見えるので、**横幅を強調する平行眉、あるいはふっくらイメージの下がり眉にトライ**して、印象の違いをご確認ください。

ノンサージェリー施術で

TECHNIQUE
{ 1 }

スキンケアでは解決できないときは、ヒアルロン酸や脂肪注入

頬（頬部）やまぶた（上眼瞼部）、こめかみ（側頭部）などのくぼみができてしまうと、スキンケアコスメではどうにもならない、というのが正直なところです。

わたくしとしては、顔にできる影を「女は影のあるくらいのほうがセクシーだね♥」と褒めてくれるムッシュがそばにいるならば、少々のくぼみも個性のひとつと思いますが、そうであってもやっぱり、このくぼみをどうにかしたい！ ガイコツがイメージされて耐えられない！ という場合には、ヒアルロン酸注入、脂肪注入、再生医療（２８０ページ参照）などさまざまな選択肢があります。若返り効果も抜群です。

いずれも仕上がりや費用、ダウンタイム、効果が持続する期間などに違いがあるため、自分の仕上がりイメージや求める効果、予算などに応じてドクターと相

談してみてください。

ちなみにフランス女性はその骨格的特徴から、加齢によるくぼみやコケ感が出やすいため（行き着く先は魔法使いのおばあさん）、ある程度の年齢になると、ダイエットもしすぎないように（２６０ページ参照）注意しているようです。

脂肪からホルモンが作られることを考えると、年齢を重ねたのちのある程度の丸み感はそのまま魅力の素になるのかもしれませんね。

さて、もっともお手軽なのが、**ヒアルロン酸注入**です。費用はヒアルロン酸の使用量や種類で決まりますが、頬部・眼瞼部・側頭部なら5、６万円前後からが一般的。

持続性は薬剤にもよりますが、通常半年〜1年です。上眼瞼部は他の部位に比べ、ヒアルロン酸の分解吸収が遅い傾向にあることから長く持続する傾向があり、約1〜2年程度効果が続くといわれています。

ほかにヒアルロン酸よりも粘性が強く、効果が1年半〜2年持続する吸収製剤、**カルシウムハイドロキシアパタイト**などがあります。表面的なシワではなく、深めに注入してボリュームロスを改善するような場合にぴったりです。

ただしヒアルロン酸には分解酵素があるため、もしもの時には分解できますが、カルシウムハイドロキシアパタイトにはありません。

施術後の腫れや痛みは少ないのですが、血管に注射針があたってしまった場合には、内出血のリスクもあります。

このほか、**脂肪注入**もあります。これは、安全性は高いといっても異物に違いないヒアルロン酸の代わりに、自分のお腹や太ももから余分な脂肪を吸引して、頬や上眼瞼に注入するもの。注入した脂肪の約半分は定着し、体内に吸収されないため、効果が持続するという特徴があります。

個人差はありますが、施術後に1週間ほどの腫れや痛み、内出血が続く場合も。

費用は脂肪の注入量によって変わりますが、20万円前後から。
リスクとしては、キレイに定着できなかった脂肪がしこりのように残ってしまう場合があることです。

なお、これらの注入法全般は、あくまで溝を埋めるためのものであり、たるみを引き上げる効果はないどころか、ケースによってはその重みや体積でたるみを進行させるので、たとえば眼瞼下垂（186～189ページ参照）が原因で目がくぼんでいる場合は、そちらを優先的に治療すべきです。

TARGET

12

目力

目が小さくなった気がするんだけど、気のせい？

ある化粧品メーカーの研究では、目の大きさは20代後半から小さくなり始め、15年後、つまり40代に入ると、なんと約20%も小さくなるとか！　衝撃の結果です。けれども冷静に考えると、たるみ、くぼみが避けられないエイジングにおいては当たり前の結果ともいえます。ここはひとつクールに対処しましょう。

メイクで

TECHNIQUE {1}

「目尻つけま」で瞬時に目力アップ！

小さくなった目の目力も、いつものメイクにちょっとひと手間加えるだけでアップさせることができます。そのためにはまず、**〝目尻つけま〟**がオススメです。縦横にのびるまつ毛は、目のフレームを効果的に拡大してくれます。でも、上まぶた全体のつけまつ毛やエクステは、大人のたるんで重たくなったまぶたをより重たくしてしまうことがあります。**〝目尻だけにつけまつ毛やエクステを足す〟目尻つけま〟なら、自然に目の横幅が広がって目力がアップ**します。

ディスカウントストアや薬局で購入できるプチプラのつけまつ毛でも効果てきめんなので、どんどん挑戦してみてください。

TECHNIQUE {2}

クリームとパウダーで立体感を出し、明るい色で膨らみを出す

「もう少し手をかけて、ちんまり目をどうにかしたい」という人は、ゆるんで

のっぺりしているまぶたにアイシャドウをのせて立体感を掘り起こします。使うのは、**クリームとパウダー、質感の異なる2種類のアイシャドウ**。異なる質感を重ねることで、自然な立体感を出します。

まずは、クリームのアイシャドウをアイホール全体に広げ、上まぶたにハリとツヤを出し、その上からパウダーのアイシャドウを重ねます。

下まぶたも忘れずに。パウダーで下まぶたのキワにも細くラインを入れ、さりげない陰影を仕込みます。

またシャドウは色が大事。モスグリーン、ダークブラウンなどの暗色系はシックではありますが、よりまぶたが引っ込んで見えます。**コーラルベージュがオススメ**。悪目立ちせず適度な華やかさが盛れます。ほかに、膨張色である**ピンクやシルバーやバナナ色**などは、膨らんで見えるので若々しさを醸し出します。

TECHNIQUE

{ 3 }

〝黒目アイライン〟と〝根元マスカラ〟でちんまり目をぱっちり

立体感のあるまぶたに仕上がったら、アイラインとまつ毛にもひと手間加えると、黒目のいきいき感が違ってきます。目が小さくなったと感じたら、アイラインの引き方もこれまでとは変えるべきです。

目を大きく見せるというと、つい目の周りをぐるりとアイラインで囲めばいいんでしょ？　と考えてしまいがちですが、小さい目を囲んでしまうと、より〝ちんまり感〟を強調することになります。目の横幅を広げ、目を大きく見せる効果のある目尻の〝ハネあげライン〟も、ゆるんだ大人の目元だと不自然さのほうが際立ってしまうので、なかなか上品に仕上がりません。

しかも、たるんだまぶたにアイラインを引くと、線がガタガタになってしまうのも憂鬱。この悩みは、仕上げに綿棒でサッとラインをひとなですることで解決できるのですが、より自然に上品に目をくっきりさせたいなら、**〝黒目アイライン〟と〝根元マスカラ〟のコンビ**が最強です。

ブラックのリキッドアイライナーを縦持ちし、**黒目の上のまつ毛とまつ毛の間を埋めるように左右にちょこちょこと筆先を動かしてラインを入れて**いきましょう。

切れ長っぽく横方向に目を大きく見せたいなら、**目尻のみにラインを入れるのもいい**でしょう。

下まぶたのアイラインはブラックではなく、ブラウンやダークブラウンにすると大人のシック感が漂うから不思議。

まつ毛は根元からしっかり立ち上げ、**マスカラは根元にブラシをあてて左右に揺らす**ようにしっかり塗り込むのがポイント。

下がってきたまぶたをグッと支えて持ち上げてくれますし、放射線状に広がったまつ毛のおかげで目がグッと大きく見えます。根元にたっぷりのマスカラがア

Stage #01

イライン代わりになるので、上まぶたに無理してガタガタラインを引く必要もなくなります。

仕上げのひと手間は**目頭ハイライト**！　両目の上まぶたの内側５㎜上から目頭通って内側下まぶたの５㎜下まで、筆でくの字にハイライトを入れます。目が一回り大きく見え、白目が澄んで黒目が輝くというマジックを施さない手はありません。

ちなみに、まつ毛をカールさせるビューラーですが、コーセーの「アイラッシュカーラー」は日本人の目の形の特性を研究して作られており、普通は〝挟んで〟〝上げる〟のツーステップのところ、ワンステップでまつ毛が上がる優れもの。愛用しているメイクアップアーティストさんはたくさんおります。

スキンケアで

Stage #02

TECHNIQUE {1}

アイクリームでしっかり保湿し、これ以上のしじみ目化をストップ

たるみ、くぼみ、覆いかぶさりなどによって、目が小さくなる〝しじみ目〟化は、加齢によって骨や肌が痩せてハリを失ったり、まぶたを開閉するのに必要な筋肉「ミュラー筋」が衰えたりすることがおもな原因です。

骨や筋肉のエイジングはコスメではどうにもなりませんが、アイクリームなどでしっかり保湿をして、肌のハリを高めることは可能です。しぼんだ目元がピンとするアイクリームなどでケアします。

ノンサージェリー施術で

TECHNIQUE {1}

コラーゲン生成を促す「サーマクールアイ」で、まぶたのハリ感アップ

〝切らないフェイスリフト〟とも呼ばれる高周波「サーマクール」は、真皮層に熱エネルギーを加え、コラーゲンの生成を促進して肌を若返らせる施術です。これまでは、上眼瞼など皮膚が薄くて細かい場所には使うことができませんでしたが、目元専用にカスタマイズされた**「サーマクールアイ」**なら、まぶたの施術も可能です。

施術後すぐに効果を感じる人もいますが、徐々にコラーゲン線維が作られていき、2～3カ月後にピークを迎えます。費用は10万円前後。個人差はありますが、術後の腫れなどもほとんどなく、効果の持続は1年程度。劇的な変化というよりは、目元にハリが出てすっきり若々しく見える、目を開けるのが楽になるという感じです。

その他、**HIFUのウルセラアイ**、**イントラセルSRR**（167～168ペー

ジ参照)、目元照射用にチップを小さくする必要がありますが、他のRF(高周波)搭載機器全般でも対応可能です。

なお、老けたり疲れて見える、上眼瞼全体がくぼむ〝くぼみ目〟には、おもに2つの原因があり、そのひとつは眼窩《がんか》脂肪が加齢によって減少してくることで起こります。その場合は、前述のように(174~175ページ参照)ヒアルロン酸注入や脂肪注入などで改善をはかることが可能です。

もうひとつの原因が眼瞼《がんけん》下垂《かすい》です。視野が狭くなり、物が見えづらいほか、肩こりや頭痛の原因にもなるなど生活に支障が出てきたらもっとも疑われるところです。無理に目を開けようとするため、額にシワも刻まれます。目を開けるときに使う腱膜の解剖学的特徴から眼窩脂肪が眼の奥に引き込まれてしまい、くぼむのです。こちらの場合は、それなりの手術を施さないといけません。

二重形成術で

TECHNIQUE {1}

しじみ化したまぶたを「切らない埋没法」でぱっちり二重にする選択肢も

「アイクリームなんかではどうにもならない」「まぶたがしじみ化して常にアイプチが必要」というアドバンスド・レベルの場合には、どうせならこの機会に切らない眼瞼下垂手術「NILT法」と、切らない二重《ふたえ》手術「埋没法」を組み合わせ、ぱっちり二重にしてしまうのはいかがでしょうか？

「NILT法」は、上眼瞼の裏側から糸でたるみをきゅっと引き締めて固定することで、目の開きを大きくする施術。

「埋没法」は、上眼瞼の表側を縫って留め、ドクターとあらかじめ相談したデザインの二重ラインを作る施術です。

眼瞼下垂が重症化している場合には、上眼瞼を切開して目を開ける筋肉である眼瞼挙筋を縫い縮めたり、瞼板に再固定したりして、目力を上げると同時に二重を作る**「挙筋短縮（前転）術」**をドクターから勧められることもあるでしょう。目はしっかり開き、ぱっちり感が蘇ります。ただ、腫れやむくみなどが1週間程度続き、手術痕が目立ったり、上眼瞼が上がりすぎて目が閉じにくくなるというリスクはあります。

切らない「NILT法」&「埋没法」は腫れなどのダウンタイムはほとんどありませんが、「挙筋短縮（前転）術」に比べると術後の変化が小さく、後戻りしやすいことは頭に入れておきたいところです。

どちらの方法にもメリット、デメリットがありますし、「二重の仕上がりが想像と違う」というケースも少なくないため、ドクターとはよく話し合い、イメージのすり合わせをしておきましょう。

なお、眼瞼下垂は、眼科でも形成外科でも保険診療で手術を行っています。ほとんどの形成外科専門医は、美容外科も勉強しておりますので、仕上がりにおい

Stage #04

ては、安定した成果が見込めると思います。

眼科医は概ね眼球や涙器、睫毛などを治療対象とし、審美面も含めた眼瞼の手術を専門とする方の割合はそれほど多くはない印象ですが、その中であえて眼瞼に挑むドクターは、それなりに自信と実績をお持ちなのだと思います。

美容外科では、自費になりますが、シワ取りや二重手術の際に、審美的効果を上げるために眼瞼挙筋操作を追加して、さらに仕上がりを（もとより）美しくすることがあります。いずれの科で治療するにせよ、医師の経験や技量の差は当然存在します。

さて、眼瞼下垂と診断された60代の友人がいるのですが、無事にオペも成功し、人生初のぱっちりかわいいらしい二重のおメメとなりました！　視野も広がりセカンドライフを謳歌なさっております。二重にするにも大義名分つき。そんな楽しみもR45ならではですね！

TARGET

13

毛穴

毛穴がたるんでファンデが毛穴落ちする……

毛穴の大きさ自体は遺伝的要素が強く、産毛の太さと皮脂腺の発達具合で決まり、男性ホルモンが優位な人ほど目立つ傾向にあります。けれども、エイジングによる真皮の劣化などによって、もともと毛穴が目立たなかった人も目立ってくるようになります。これは、毛穴の構造が乱れ、しずく状に流れるように見えてくるからで、帯状型（たるみ）毛穴やティアドロップ毛穴といいます。

メイクで

Stage #01

TECHNIQUE {1}

下地を肌の凸凹を埋めるタイプに変える

このティアドロップ毛穴をメイクでカバーするなら、下地を新しく変えてみるのはいかがでしょう?

肌の凸凹をきれいにならし、保湿成分が配合されたクリームタイプがオススメ。ファンデーションも毛穴を埋めるリキッドタイプを選ぶことです。

また厚塗り感がでないように、保湿下地を透明にする技もあります。いくつか実際に試して、自分に合う方法を探りましょう。

スキンケアで

Stage #02

TECHNIQUE {1}

角層の保湿ケアが何より大事

ティアドロップ毛穴は、乾燥すればするほど目立つので、保湿ケアが何より重要。セラミドやヒアルロン酸、さらにはレチノールが配合されたコスメを選びましょう。あぶらとり紙や毛穴パックは、ティアドロップ毛穴には何の効果もありません。

また、角層はラメラ構造といってリン脂質がミルフィーユのように整然と並んでいるものですが、エイジングなどにより乱れ始めます。その乱れを、特許取得の独自のナノカプセルの浸透により表層から修復していく技術をもつFAITHの、ビタミンC配糖体入りナノカプセルが角層に浸透する「プレケアエッセンスC」は、毛穴をはじめとした肌質改善にオススメです。

ノンサージェリー施術で

TECHNIQUE {1}

各機器で気になる毛穴の開きを一掃

やっかいな毛穴のへこみですが、美容医療の力を借りれば目に見えて結果が出ます。医療機器のいちばん得意とする分野かもしれません。

ファーストチョイスは、肌質改善万能選手の**「フォトフェイシャルM22」**に代表される**IPL**（128〜129ページ参照）。初登場の頃に比べて改良されたうえに、手が出やすいお値段となっております。高級エステサロンに定期的に通うお値段で、肌質全般の底力アップです。

肝斑治療でご説明した（108〜109ページ参照）、話題のレーザートーニングの**QスイッチNd：YAGレーザー「メドライトC6」**や**「スペクトラ」**等も毛穴に効きます。剣山のように細かく皮膚に穴をあけ、創傷治癒機能を利用して肌質を整えるフラクショナルレーザーで、少しずつ皮膚の入れ替えを図るものもよし。

また**「ジェントルマックスプロ」**など、もともと脱毛用に開発されたロングパルスアレキサンドライトレーザーの一部機種では、レーザーフェイシャルと称される肌質全般改善機能のついたものがあり、当然毛穴にも働きます。登場して10年以上になりますが、根強い人気のある施術です。

さらに各種ピーリングやビタミンCイオン導入などの併用でシナジー効果をはかるのもいいでしょう。**「ミルクピール」**などのケミカルピーリング（126〜127ページ）、特に**「マッサージピール」**（47〜49ページ）はオススメです。

ニキビ痕治療（痤《ざ》瘡《そう》後《ご》瘢痕《はんこん》）によく使われる**「プラズマ」**。イオン化された気体＝プラズマを肌に照射し、皮膚の深部に働きかけ、肌の再生を促します。同じような肌の再生機能を刺激するフラクショナルレーザーと比べると、痛みや色素沈着、ダウンタイムが少ないため、生活に支障が出ない範囲で肌の入れ替え治療がかないます。費用は顔全体で3万円前後から。

Stage #03

ただし、ダウンタイムが少ないとはいえ、シミやくすみがある部分には痂皮（かさぶた）ができ、自然に剝がれ落ちるのに長ければ10日ほどを要することもあるので、ドクターによく確認してみてください。

TARGET 14

小鼻の赤み

生活感を感じる小鼻周辺の赤みをどうにかして

小鼻そのものや鼻の脇から下のあたりに出る小鼻周辺の赤みは、清潔感がないうえに、生活感を感じさせてしまうもの。

赤みが出てしまう原因は、「皮膚が薄くて毛細血管が浮きやすい」「摩擦などで炎症を起こしている」のほかに、脂漏性皮膚炎などがあります。花粉症の人は、鼻のかみすぎなどが赤みの原因になっている可能性もあります。

赤みが強かったり、かゆみがあったりする場合は、メイクでカバーするにせよ、スキンケアや美容医療でケアするにせよ、炎症が治まってからでないと悪化させてしまいます。まずは皮膚科のドクターに診てもらいましょう。必要以上にいじらない、触らない、が鉄則です。

また、赤みだけに注目するのではなく、顔全体を鏡に映したときに鼻の赤みが悪目立ちしていなければＯＫとしましょう。**人は細部より全体の印象で「キレイ」を判断**しますから、シミや赤みにとらわれるより、肌全体のハリツヤをケアしたほうがずっと、人からキレイと思われる確率はアップします。

メイクで

Stage #01

TECHNIQUE {1}

コンシーラーの厚塗りはNG！「隠す」より「整える」

実際のところ、皮膚が薄くて毛細血管が浮いているのが原因の赤みはスキンケアなどで改善するのはむずかしく、メイクでカバーするのが現実的ですし、効果的でもあります。

92〜93ページで紹介したコンシーラーで小鼻の外側を囲み、指で小鼻に向かってなじませていきます。

ただし、大人のメイクは、**「隠す」というより、「色ムラを整える」**くらいがちょうどいいと心得ておきましょう。むやみに厚塗りするとかえって悪目立ちしてしまうので、薄づきを心がけて。

スキンケアで

Stage #02

TECHNIQUE {1}

ビタミンC誘導体や抗炎症作用のあるコスメなら効果を期待できる場合も

脂漏性皮膚炎や花粉症による摩擦などで炎症を起こしているタイプなら、まずは内服薬や塗り薬などで炎症を抑えるところからスタート。

スキンケアで改善するのがむずかしい赤みですが、毛穴の引き締めや炎症抑制に効果がある**ビタミンC誘導体の化粧水やアラントイン、甘草エキス、グリチルリチン酸類など抗炎症作用配合の美容液**なら効果が期待できるかもしれません。

ただし、しみたり、かゆみのある炎症を起こしている肌には使わないこと。

ノンサージェリー施術で

Stage #03

TECHNIQUE {1}

血管ターゲットのレーザー機器やIPLの「フォトフェイシャルM22」

〝毛細血管が浮きやすい〟タイプなら、血中のヘモグロビン色素に反応して血管を収縮させる**ダイレーザー**や**ロングパルスNd：YAGレーザー**などによる施術が適しています。これらは赤ら顔にも効果適応があります。

たとえば**「ジェネシス」や「ジェントルマックスプロ」YAGモード**では小鼻などの部分照射で1回2万円前後。一度で改善効果を感じる方もいれば、数回照射が必要な場合も。完全に赤みが取り切れなくとも改善は見込めます。

IPLの「フォトフェイシャルM22」や、**高濃度ビタミンCイオン導入**も効果的です。

日常生活の中で

Back Stage

TECHNIQUE {1}

食事から肌質改善を

もともと寒冷地出身などで、血管拡張しやすい赤ら顔体質の方は、刺激の強い食事や過度のアルコールは控えて。寒い日の外出はマスクなどをして顔を冷やさないように。

また脂漏性皮膚炎の場合は、皮脂分泌のバランスを整える、ビタミンB群が多く含まれている食事、あるいはサプリをとりましょう。飲酒と刺激物摂取は控えめに。ビタミンB2が多い食品は、牛肉、豚肉、レバー、うなぎ、納豆など、ビタミンB6は、マグロの赤身、カツオ、レバー、バナナなどです。

また皮膚の代謝を改善し、ダメージの回復を早める万能ビタミンCサプリもプラスしましょう。

TARGET 15

首とデコルテ

年が誤魔化せない"ネック"をネックのままにしておかない

一見、エイジレスな美しさをキープしているかのような女優やモデルさんの姿に、「あれ?」と違和感を覚えること、ありませんか?

原因はおそらく、顔はヒアルロン酸でパンパン、ボトックスでツルツルなのに首がシワシワ、というチグハグ感。首は手の甲と同様、年齢が出やすいといわれる重要なパーツなのに、顔のケアばかりに気をとられ、首のケアがお留守になってしまっているのです。

ちなみに、コーカサス人種は皮膚が薄く、エイジングによるあごから首にかけての広頚筋《こうけいきん》という筋肉のたるみや脂肪のつき方が、わたくしたち黄色人種とは桁違い。まさかのトサカ（鶏の肉垂）！　美意識高いパリのマダムもムッシューも毛嫌いしますが、そうなってしまったあとは、外科的処置でしか対処不可能です。

肌質や骨格に恵まれたわたくしたちはそこまでの悩みはないにしても、年齢を意識させる横シワやチリメンジワはやはり気になる！

さっそく対処法を見てみましょう！

メイクで

TECHNIQUE
{1}

UVケアやメイクでカモフラージュ

一度できてしまった首のシワは、解消するのがなかなかむずかしい。ただ、メイクでカモフラージュすることはできます。方法は二つ。

ひとつは、**顔と首の色を合わせる**こと。顔が白っぽいと首のくすみやシワが悪目立ちすることに。ファンデーションの色を決めるときは、顔と首の境いめであるフェイスラインの肌色に合わせましょう。

もうひとつは、ホワイトのコンシーラーを使うこと。白コンシーラーで首のシワをなぞり、指でトントンとなじませ、フェイスパウダーを重ねて完成です。

コンシーラーといえば、シミ隠しの肌色がおなじみですが、最近のツヤ肌作りや毛穴消しに大活躍する**ホワイトコンシーラーを1本もっておく**と、とっても便利。光で肌のアラを消す効果が高く、首のシワも上手にカバーできます。

Stage #01

ちなみに、首と同様、デコルテも年齢による衰えを放置しておいてはいけないパーツ。特にフランスでは谷間見せがデフォルトなので、パリのマダムたちは、年齢を問わず、デコルテのケアを顔と同じか、それ以上に重要視しています。

彼女たちは日焼け大好きなので、UVケアこそちょっとズボラですが、服に色移りしにくいウォータープルーフ処方のファンデーションを首やデコルテに塗りのばしたり、ニュクスの「プロディジューゴールドオイル」などで**デコルテにセンシュアルなツヤやきらめきを与えたり**して、ムッシューたちの視線を集めています。

スキンケアで

Stage #02

TECHNIQUE {1}

スキンケアは、首のシワの解消ではなく、悪化を遅らせるため

枕の高さに気を遣っていようと、どんなに高い美容液を首にすり込もうと、UVカットに励もうと、いったん深く刻まれてしまった首のシワはなかなか解消がむずかしいのは、先にお話ししたとおりです。

えー!? では、ネックやデコルテ用のクリームはムダなの? エステでのリッチなオイルマッサージはムダなの?

というと、まったくムダというわけではありません。いま以上の首の皮膚の老化を遅らせるのにはある程度、役に立つでしょう。ただ、刻まれてしまったシワにはあまり効果がない、ということです。

ノンサージェリー施術で

TECHNIQUE {1}

ケミカルピーリングとマイクロボトックス

首の浅いシワでしたら、ミルクピールなどが効く場合もありますが、首の独特の解剖学的構造上、美容医療でさえできる施術は限られています。特に注入系は厳しく、ヒアルロン酸注射なども、効果が出るほどに行うことは一般的にはむずかしい。目下、手軽かつ安全なオススメ施術は二つです。

ひとつは**「マッサージピール」**（47〜49ページ）、もうひとつは目尻のシワの項でご紹介した（88〜89ページ）**「マイクロボトックス」**。マイクロボトックスは、ボトックスの効き方をマイルドにし、タイトニングと同時にちりめんジワの解消をはかるものです。もちろんやりすぎたり、筋の走行に対して誤ったところに打つと逆にたるみが進行することもあるので、さじ加減が大切な手技です。

マッサージピールで質感やハリの向上を狙い、マイクロボトックスで広範囲に針を刺して、はりつめた神経を少し緩めてシワをのばす。働きの違う二つの方法でアプローチしますが、もちは数カ月と長くない贅沢なケアではあります。

TECHNIQUE {2}

予算のある方には、高周波、レーザー治療を

「モチーフーR」（旧ポラリス、旧ギャラクシー）などの高周波（RF）シリーズならもう少し効果が期待できるかもしれません。ご予算のある方には、**「ウルセラ」**高密度焦点式超音波（HIFU）などの超音波治療もいいでしょう（50〜53ページ）。ただし、首の真ん中のやや下にある甲状腺周囲は避けます。

効果についてはいずれも個人差があり、一度で実感する方や複数回の照射が必要な方などさまざまです。さらなる余裕のある方は、他の治療では効果を出すのがむずかしいしいからこそ、**再生医療**である「線維芽細胞移植術」や「PRP療法」のよい適応となります（280〜285ページ参照）。

最新デコルテ情報

なお、デコルテに関しては、国際美容抗老化医学会（Aesthetic&Anti-aging Medicine World Congress）で谷間のスレッドリフティングやヒアルロン酸等の注入の症例が発表され、ボリュームも出てシワものびるということで会場から熱い視線が注がれておりました。

フランス人ほどデコルテに固執しない日本人からすると、驚くべき〝谷間愛〟ですが、谷間は惜しみなく見せるところという彼女たちの常識を知っておいて損はないので、ご参考までに！

メスを使って

Stage #04

TECHNIQUE {1}

ネックリフトという最終手段も

シワだけではなく、たるみがひどい場合は、耳後部を切開してそこから頚部皮膚を引っ張る**「ネックリフト」**という手術があります。傷口が髪に隠れるため傷跡を気にする人にはいいでしょう。

局所麻酔で可能で、30〜50万円ほど。

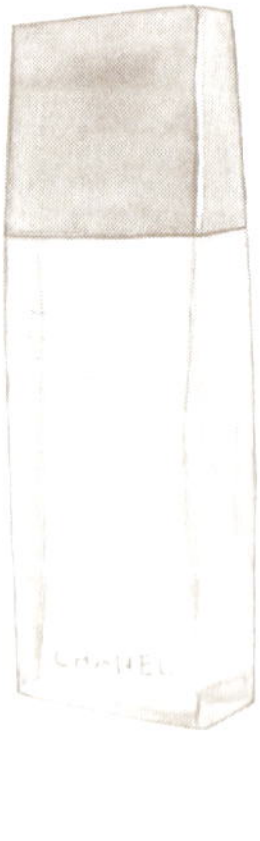

日常生活の中で

Back Stage

TECHNIQUE {1}

普段から頭を上げ、背筋を伸ばして

現代はスマホの長時間使用のため、Teck Neck といって、下を向いているときの首の負担が急増し、それが首の皮膚の老化を促進しているという報告もあります。みなさん。やましいことさえなければ（!?）、スマホの画面は、腕を上げ、顔を上げて見ることにしましょう！

ちなみに家での洗髪ですが、頭と背中をそらして首がのびる姿勢で（ヘアサロンのように）シャワーを浴びると、ストレッチにもなり気持ちいいので一挙両得です。日々のささやかな積み重ねもバカにできません。

TARGET 16

手

手の甲は語る

首とならんで、年齢を感じさせてしまうのが、手の甲。

ポップスの女王として君臨し続けているマドンナですが、数年前、写真に写ったシワシワで筋張った手が「老婆のよう！」と話題になったのを覚えていらっしゃるでしょうか。

顔や身体のケアは抜かりないマドンナも、さすがに手の甲だけは気が回らなかったのかと親近感を覚えたものです。
でも、さすがにマドンナもこのままではいけないと思ったようで、アミノ酸やヒアルロン酸を手の甲に注入する治療を受け、ようやくグローブがなくても外出できるようになったとか。

実は、手は水や汚れに触れる機会が多いので、顔より10年早くシミやシワが出始めるともいわれています。よく見ると、そばかす状の細かいシミができているはず。血管が浮き出るのも、肌の弾力が低下したり脂肪が落ちたりするのが原因なのです。

メイクで

Stage #01

TECHNIQUE {1}

オレンジのコンシーラーで手の甲が驚くほど若返る！

欧米では手の甲へのヒアルロン酸注入が人気ですが、浮き出た血管をちょっとメイクでカバーするだけでもずいぶん見違えるもの。

まずは、顔と同じように下地を塗ります。そして、オレンジのコンシーラーで血管をなぞり、なじませます。こすってしまうと色が消えてしまうので、叩いてなじませるのがポイント。

最後にフェイスパウダーをサッとひとはけして完成です。簡単なのに、驚くほど手の甲が若返るのでぜひお試しを！

スキンケアで

Stage #02

TECHNIQUE {1}

手にもスキンケアやUVケアを。ハンドクリームで常に保湿！

スキンケアコスメやUVクリームを顔だけでなく手の甲や首、デコルテまで塗り広げ、保湿と紫外線カットに気を配るだけで美しさはまったく違ってきます。**ハンドクリームは各部屋に置き、あるいは常に持ち歩き、水に触れたらその都度塗り直す**のを忘れずに。高機能ハンドクリームもありますが、自分の好きな香りやテクスチャーなどセンシュアルさ重視で選ぶのもいいですね。

センシュアルなテイストといえば塗った途端にみずみずしく浸透する、独特の触感覚である「Ｉｃｈｉｚｕ」のオールインワンクリーム。そして香り豊かなまかないこすめの「絶妙レシピのハンドクリーム」は、ポーチに忍ばせて持ち歩くのにぴったりです。

ノンサージェリー施術で

TECHNIQUE {1}

手軽に受けられるヒアルロン酸注入がファーストチョイス

スジや静脈が軽度に目立つようでしたら、水光注射などでハリを出すとよいでしょう。少し目立ってきてしまっているのなら、費用と即効性から考えると、ヒアルロン酸注入あたりから始めるとよいと思います。

微細な動作ができる手には腱や神経が数多く存在するので、それらを傷つけないような細かな手技が必要となります。費用は両手で10万円前後から。10分ほどで施術が終わり、個人差はあるものの注入直後から効果が見られ、半年〜1年ほど持続します。

自分の脂肪を利用する自己脂肪注入は、両手背で30万円前後からと高額ですが、脂肪は半永久的に定着するため、ヒアルロン酸のように継続的に打つ必要はありません。とはいえ、採取の手間が加わることと、定着度には個人差があり、望ま

Stage #03

ない形で定着してしまうといったリスクもあるので慎重に検討しましょう（174〜176ページ参照）。

レーザーでは手のふっくら感は出にくいですが、シミをとったり、肌にハリを生むには効果はあります。また同様に、〝身体重視〟の欧米では、お手軽な**ボディピール**を手背（手の甲）に使う人も多いようです。

TARGET 17

歯

歯が黄色くなった！
歯茎が下がってきた！
口元の劣化が進行中……

R45からの清潔感を左右するのは間違いなく口元です。顔の中で白いのは「白目」と「歯」くらいのもの。白は清潔感や健康、若さをイメージさせる色。顔に占める面積が白目よりはるかに広い歯が白ければ白いほど、ヘルシーで若々しい印象を与えることができます。

さらに肌の美白ケアに余念のないあなた！　肌が白ければ白いほど、相対的に歯の黄ばみが目立って見えるものです。お肌以上に関心を寄せるべきです。

歯については、歯周病対策も重要。加齢に伴って、肌や髪と同じように歯茎《はぐき》（歯肉）も痩せていきますが、歯茎が下がって歯が長く見えたり、歯茎の根元が露出してきたりするのは、歯周病が原因のことがほとんどです。

歯周病になると、歯と歯茎の境い目に歯周ポケットという溝ができ、ここに細菌の塊であるプラーク（歯垢）がたまって歯石化します。

歯周病が進行すると、歯茎が痩せて口元の劣化につながるばかりか、心臓病や糖尿病の原因になるともいわれていますので、すぐさま歯周病専門医を受診することをお勧めします。

TECHNIQUE {1}

ホームケアの基本は「うがい」。歯の磨きすぎも実はNG

歯の着色汚れについては、とにかく汚れがつかないよう予防するしか手がありません。コーヒーや赤ワイン、カレー、タバコなどを口にしたら、すぐに歯磨き。せめてうがいだけでも。汚れの付き方がまったく違ってきます。ちなみに、コーヒーを飲むなら、ブラックよりミルクを入れるほうが汚れにくいようです。

また、口呼吸などで口内を乾燥させるのも、着色汚れが付きやすくなるので、この際、悪習慣を断ち切りましょう。

さらに、歯のエナメル質が薄くなってきているR45世代は、歯の磨きすぎにも気をつけて。強く磨きすぎたり、電動歯ブラシでゴシゴシ磨いたりすると、象牙質が露出してきてよけいに歯が黄色く見えます。

TECHNIQUE {2}

ポリリン酸ナトリウム配合の歯磨き粉でやさしく磨いて

勘違いしている人が多いのですが、「歯を白くする」とうたわれていても、日本で売られている歯磨き粉（ペースト）はあくまで着色汚れを落とすだけであって、ブリーチする効果はありません。歯科クリニックで使われているホワイトニングの主成分は「過酸化水素」という歯を漂白できる成分ですが、日本製の歯磨き粉（ペースト）には過酸化水素の配合は認可されていないからです。

日本で手に入るものの中で、着色汚れを除去し、汚れが付くのを予防する効果があるのは、**ポリリン酸ナトリウム配合の歯磨き粉**です。スーパーマーケットなどで手に入りやすいのは、グラクソ・スミスクラインの「アクアフレッシュ エクストリームクリーン」シリーズ。通販サイトなどでもポリリン酸ナトリウム入り歯磨き粉が見つかりますので、信頼できるサイトでの購入もアリです。

Stage #01802

TECHNIQUE {3}

徹底した歯周病予防で歯茎下がりをストップ

歯茎下がりの原因は歯周病によるものが大きいため、定期的に歯科クリニックに通って歯石をとり、歯周病予防に努めましょう。クリニックでは、正しい歯磨きの仕方を教えてもらえるので、ぜひマスターしてください。

ポイントは歯ブラシをあて、「微振動」で動かすこと。お手本になるのは、電動歯ブラシの動きです。歯と歯肉の間に軽く歯ブラシをあて、1〜2㎜の振動幅で磨きます。

歯ブラシは歯肉ポケットの中まで届かないので、デンタルフロスは必須。歯間ブラシは無理に歯のすき間に入れると、歯茎が削れることがあるので、ドクターから勧められたのでない限りは、避けたほうがいいでしょう。

デンタルクリニックで

TECHNIQUE {1}

「オフィス・ブリーチ」で真っ白な歯を手に入れる

ホワイトニングは、薬局などで薬剤を購入して行う「ホーム・ブリーチ」という手もあるにはありますが、薬剤を塗ったマウスピースを3〜6時間装着しなければならないこともあって、なかなか長続きしないのがネックです。

それに対し、歯科クリニックで行うホワイトニング**「オフィス・ブリーチ」**なら、30分〜2時間程度の短時間で、一人ひとりの歯の変色具合などに合わせたブリーチが可能。薬剤を塗ったあと特殊な光を照射し、歯を漂白していくのが一般的です。

ホワイトニングの第一人者の歯科ドクターにお話をうかがったところ、オフィス・ブリーチのなかでもわずか1回で真っ白な歯が手に入るのが**「ブライトホワイト」**といわれる、NASAの科学者が開発したホワイトニング。所要時間は2時間程度と長め。費用も6万円前後かかりますが、1回受ければ半年に1度のメンテナンスでOKとのこと。

ただ、効き目がよいぶん、薬剤が歯にしみることもあります。ホワイトニングがはじめての人は、ドクターと相談のうえ、穏やかな効き目のものからスタートしてもいいでしょう。

ブリーチビギナー向きのホワイトニングが、日本製の「ティオン」。歯にしみにくく、「ブライトホワイト」ほどは漂白力は強くはありませんが、自然な白さが特徴です。所要時間は1時間半程度で費用は3~4万円前後。1回でかなり白くなるので、メンテナンスは半年に1度、同じ「ティオン」を行えばOK。1回20~30分で費用は1~1・5万円程度です。

TECHNIQUE {2}

下がった歯茎を元に戻すファーストチョイスは、保険が適用される歯周組織再生療法とヒアルロン酸注入

下がった歯茎を戻す治療法のひとつが、「リグロス®」という薬剤を使った歯周組織再生療法です。歯周病の進行で失われてしまった歯肉や歯を支える骨を再生させる治療なので、下がり歯茎にも有効です。保険が適用される治療なので、ふだん通っている歯科クリニックで受けられる場合もあります。かかりつけのドクターに問い合わせてみてください。

あまり一般的ではありませんが、下がり歯茎には歯科用のヒアルロン酸注入治療という選択肢もあります。費用はヒアルロン酸を注入する量によって異なりますが、相場は1回につき2~3万円程度。一般的に、効果が出るには3週間に1度、3回ほど継続して打つことが必要だといわれています。

安全性が高く、痛みやダウンタイムが短いので手軽に受けられる一方で、歯周病が進行している場合や歯茎の状態がよくない場合は施術できず、効果の具合にも個人差があります。また、ヒアルロン酸は体内に吸収されていくため、効果も永久的ではありません。

TECHNIQUE
{ 3 }

歯周病が進み歯根が見えている人には、自分の上顎組織を移植する「歯肉移植手術」

歯肉が下がって歯根が見えてしまうほど歯周病が進行してしまったが1回で解決したい、という人には、**「歯肉移植手術」**という選択肢もあります。

なんとも恐ろしげな響きではありますが、自分の上顎《あご》から移植に必要な組織を切りとり、足りない部分に移植するという、いたって安全性が高い手術で、一般的なう蝕（虫歯）治療と同じように局部麻酔を使うので、手術中の痛みもありません。

術後も、個人差はありますが、ドクターによれば「痛み止めを飲めばおさまるレベルの人がほとんど」。帰宅後も、薬をしっかり服用し、消毒や抜歯のために何度か通院したり、症状によっては柔らかいものを選んで食べたりする必要はありますが、日常生活に大きな支障が出ることはほぼないそうです。

費用は1歯につき3万円前後が一般的です。

Stage #03

なお、笑ったとき歯茎が見えすぎるガミースマイルも、ボトックス注射で上唇が上がりすぎるのを抑えることが可能です。費用は1回4万円前後。効果は半年ほどしか持続しませんが、「歯茎が気になって思いきり笑えない」と悩んでいるなら、検討の余地ありです。

また、いわゆる「出っ歯」（上顎前突症の一部）や「受け口」（下顎前突症の一部）の審美歯科的矯正も、再生医療やインプラントの技術の進化により、年々短い期間で矯正可能になっています。噛み合わせの不整合からくる健康面だけでなく、場合によっては、プチ整形以上の美容的効果があります。気になっている人は、一度、ドクターと相談してみてはいかがでしょうか。

日常生活の中で

TECHNIQUE
{1}

口内の乾燥は着色汚れや歯周病のもと！予防マッサージを習慣に

歯の美と健康を損なうNG習慣のひとつが「ドライマウス」です。原因は、加齢や口呼吸、ストレスなど。口の中が乾燥していると、歯の着色汚れがつきやすくなったり、歯周病のもとになる菌が繁殖しやすくなったりと、いいことはひとつもありません。

虫歯（う蝕）予防のキシリトールのガムを噛んだり舌を回したりするのを習慣づけましょう。梅干しなど酸っぱいものを想像するのもいいのですが、そこまでに！　酸の摂取は健康にはよいといわれるものの、酸のとりすぎは歯を溶かすため、食べすぎは厳禁です。

お勧めは、**1日2回の唾液腺マッサージ**。おもな唾液腺は、次の3カ所です。

①顎下のくぼみにある「舌下腺」

両手の親指を当て、10回くらい上方向に軽く押し上げる。

②顎《あご》の骨の内側にある「顎下腺」

耳の下から顎の下まで、親指を当てて順に押していく。各ポイントにつき、ゆっくり5回くらいずつ。

③耳の前（上の奥歯あたり）付近にある「耳下腺」

人差し指・中指・薬指をあて、やさしく10回くらいなでるようにマッサージ。

ちなみに、メノポーズ（更年期）でもドライマウスになることがありますが、もっと深刻な病気に、糖尿病、甲状腺疾患、シェーグレン症候群などがあります。ほかに気になることがあれば一度近医専門医で診てもらうとよいでしょう。

TARGET 18

髪

髪にツヤもボリュームもなくなってきた!

最近、髪のボリュームがなくなってきた、分け目がぺたんとして地肌が透けて見える、ツヤもなくてバサバサ……と感じていませんか?

男性の髪トラブルは男性ホルモンの影響が大きいのですが、女性の場合はストレスや生活習慣の乱れ、更年期など、さまざまな原因が複雑に絡み合って起こるもの。

のぼせやほてりといったメノポーズ（更年期）症状と同じで個人差があるため、誰もがそうなるわけではありませんが、一般には毛髪の成長を促すエストロゲンが急激に減少するメノポーズ前後から、髪の太さそのものが痩せたり、白髪が増えてくることがあります。

成長期（2〜6年）→退行期（2〜3週）→休止期（3〜4カ月）というヘアサイクル的観点から見ると、休止期が長くなることで、毛が抜けても次の毛がすぐに生えてこないため、結果的に髪の総本数が減少し、薄毛化するのです。

かといってロングヘアをバッサリ切ってしまうこともないでしょう。これを機に新しい髪型を楽しもうという前向きな気持ちであればいいのですが、「本当はロングのままでいたいけど、髪が痩せてきているし……」と、しかたなくボブやショートにするのは「ちょっと待った！」という気持ちでいっぱいです。

もちろん、ロングでいようと思えば、それなりのお手入れや工夫は必要になりますが、**「ある程度の年齢になったら髪は短く」という思い込みにはNOを突きつけたい**と思います。

近頃では、気になる箇所だけを自然にボリュームアップできる部分ウィッグなども豊富に揃っており、日常的にウィッグを取り入れているパリのマダムも少なくありません。自由に自分らしさを楽しみたいなら、わたくしのように髪色を赤にするという離れワザもございます。

年齢によってファッションやヘアスタイルを限定するエイジズム（年齢差別）には、断固抵抗したいところです。

ホームケアで

TECHNIQUE {1}

ドライヤーのかけ方ひとつで、ツヤもボリュームも違ってくる

髪のボリュームアップには、まずドライヤーのかけ方から!

①先にタオルドライをしっかりすることで、時間の大幅な短縮が図れます。**深々とお辞儀をする感じで下を向き、20センチ以上離して上からドライヤー**をあてます。地肌全体を乾かすことで、自然に全体が内巻きになり、トップにふくらみを出せます。

②地肌全体が乾いたら(髪も入れて7、8割くらい乾いたら)、前髪や分け目部分を手ぐしで乾かし、**分け目の反対側にバサッと髪を寄せて風をあてる**と、ふわっとボリュームが出ます。

③**最後は冷風**をあてて、髪表面のキューティクルをキュッと締める勢いで整え、天使の輪を出すのも忘れずに。

TECHNIQUE

{ 2 }

ドライヤーを買い替える

10年前に買ったドライヤーを使っているという人は、この機会にドライヤーを見直してみては？　最近のドライヤーは、単に髪を乾かすだけでなく、髪質改善効果があるものが主流。低温なのに速乾で水分を保ちながらキューティクルを引き締め、しっとりツヤツヤでまとまりのある髪にするほか、遠赤外線などが放出され、美顔器として顔や体のケアにも使えるものまで登場しています。

「ちょっとお値段が張るくらいが気分が上がっていいわ」という人なら、サロン仕様のリュミエリーナの「レプロナイザー３Ｄ Ｐｌｕｓ」。〝神ドライヤー〟といわれた「ヘアビューザー　エクセレミアム　２Ｄ Ｐｌｕｓ」の進化系バージョンで、センシュアルな外観が特徴です。セラミック構造から遠赤外線が放出され、毎日使うことで髪質が改善するといいます。

やはりサロン系ドライヤー、ルーヴルシュヴーの「復元ドライヤー」は、熱を低温に抑えて振動で乾かすことで、しっとりツヤのある髪に仕上がります。

高級ドライヤーの先駆けはパナソニックのナノケアシリーズ。マスブランドではありますが、だからこその多機能、低価格、バリエーションの多さを実現しています。お勧めは、スカルプモード、スキンモードつきのオールインクルーシブで、独自の「ナノイー」技術で紫外線などのダメージに強い髪に髪質改善するという「ヘアードライヤーナノケア EN-NA9A」。

毎日使うドライヤーは〝機能や評判〟も大事なものの、コスメと同じで自分の感覚（センス）との相性がよいものを使うのがいちばんです。外観、手にとったときの重量感、付加価値、このあたりを吟味するために、ぜひ手にとってお選びください。

TECHNIQUE {3}

夕方の「前髪ぺったり問題」はパウダーワックスで解決

ドライヤーでふわっとボリュームのあるスタイリングができたとしても、問題はそのあと。夕方になる頃には、どうしても前髪や分け目がぺたんとつぶれてしまいます。ハードスプレーやワックスは、汗や皮脂で重みを増した髪にはヘビーすぎて、つけるほどにぺたっと感が増すだけ。出先での使い勝手もいまひとつ。

その点、手もべとつかない**粉状のパウダーワックス**なら軽いのでトップや前髪をつぶさず、ふんわり感が復活します。つぶれた前髪の根元や動かしたい毛束の根元に振りかけ、軽くもみ込みましょう。

パウダーワックスは、コスパがいいものがいくつもありますが、わたくしはダウンスタイルからまとめ髪にしたときのボリューム感のよさ、帽子をかぶったときのムレ防止にもなることから「フジコ・ポンポンパウダー」を愛用しています。

TECHNIQUE
{4}

うるうるのツヤがほしいならオイルを仕込みに活用

パサついてツヤのない髪には、ヘアオイルが強い味方。仕上げに使って一時的にツヤを与えるというよりは、シャンプー後やドライヤー、朝のアイロン前にオイルを仕込みます。つけすぎるとベタつきの原因になるので、2プッシュくらいでOK。毛先を中心に手ぐしでなじませます。

髪の乾燥やパサつきが特に気になるときは、断然**オイルパック！** シャンプー前にブラッシングで汚れやほこりを落としたあと、**ヘアオイルを頭皮や髪全体にたっぷりなじませて。30分置いたあとシャンプーする**と、ベルベットのような手触りとツヤが復活します。

ナチュラル派の「馬油」「あんず油」「ココナッツオイル」「椿油」などは、コスパもいいので惜しみなく使えます。繊細なハーモニーを奏でる贅沢な香りも楽しみたいなら、LebeLの「モイ」オイル　レディ　アブソリュート。ヘアサロン専売品です。いろいろ揃えて使い比べてみるのも楽しいですね。

TECHNIQUE {5}

ヘッドスパ感覚のトリートメントヘアカラーで白髪も好みの色合いに

市販の白髪染めですと、日を追うごとに白い根元が気になるものです。そこで、負担の少ないヘアカラーを、シャンプー&トリートメントの日常使いにすることでいつも自然な色合いを保つという選択肢もありです。

医療用ウィッグで知られるドイツ生まれの毛髪専門カンパニー、スヴェンソンが開発した「レフィーネシリーズ」は、色合いも5色から選べ、頭皮を健やかにするセンブリ、カンゾウ、パンテノールなどの頭皮ケア成分配合です。

TECHNIQUE {6}

ボリュームがほしい人の養毛剤・育毛剤は成分にこだわらず選んでOK

髪のボリュームが気になる人も、「まだ大丈夫」という人も、頭皮のケアは今日からさっそく始めるに限ります。スキンケアと同様、正しいケアを続ければ、髪にマイナスになることはないからです。ちなみに、**養毛剤は化粧品、育毛剤は医薬部外品で、その違いは成分と配合量**にあります。

薄毛までいかないけれど、髪のボリュームを取り戻したいという場合には、それほど成分にこだわらなくてOK。この後のBACK STAGE（245ページ）でご紹介するマッサージだけでも血行改善効果があるので、香りや使用感など自分が気に入った養毛剤、育毛剤を選びましょう。

それでも迷ってしまって選べないという人は、頭皮がカチカチに硬かったりストレスが多いなら「血行改善効果が期待できる」もの、栄養バランスの乱れや睡眠不足を自覚しているなら「毛母細胞に栄養補給ができる」もの、頭皮のかゆみや赤みが気になるなら「炎症を抑える」ものなど、うたわれている効能を目安に選んでみてください。

代表的な育毛成分としては、**発毛因子FGF-7を増やすアデノシン、発毛を促すサイトプリン、血行促進の酢酸DL-α-トコフェノール（ビタミンE誘導体）、センブリエキス、オタネニンジンエキス、毛母細胞の活性化をはかるペンタデカン酸グリセリド、毛髪成長期をのばすt-フラバノン**などがあります。

TECHNIQUE
{7}

薄毛に真剣に悩んでいるなら ミノキシジル配合の発毛剤を

ボリュームが減ったどころか、薄毛の領域に確実に入ってしまった……という人は、発毛効果のある成分が配合された発毛剤（医薬品）を選びましょう。

発毛効果が医学的に実証されている成分〝**ミノキシジル**〟が配合された国内唯一の発毛剤が、大正製薬の「リアップ」。女性用は「リアップジェンヌ」です。

ミノキシジルはもともと高血圧の薬に血管拡張剤として使われていましたが、髪を作る毛母細胞に働きかけると同時に、ヘアサイクルの乱れを正して発毛を促す効果があります。

Stage #01802

より効果が高いとされるミノキシジル２％配合の海外の発毛剤には、インド・シプラ社の「ツゲイン２」、アメリカ・ジョンソン&ジョンソン社の「ロゲイン２％」などがありますが、信頼度の低い海外通販サイトでの購入はお勧めしません。

さらにミノキシジルは頭皮のほてり感、かゆみ、発赤など副作用が現れることがあるので、頭皮の肌質によっては合わない場合があります。

また、育毛サロンなどの専売品も通販サイトなどで販売されており、毛母細胞成長因子である**KGF（FGF-7：ヒトオリゴペプチド-5）**を含んでいるプラセンタ配合の育毛剤もあります。

プラセンタの発毛効果はまだ科学的に証明されたわけではありませんが、美肌や疲労回復、メノポーズ症状の治療に用いられていることから、ホルモン分泌やホルモンバランスを整える作用が、間接的に育毛効果へつながると考えられているわけです。

ノンサージェリー施術で

TECHNIQUE
{1}

軽度ならビタミンC点滴やHRT、内服薬などが選択肢

ボリュームのなさが少し気になる程度なら、美容皮膚科のクリニックで万能のビタミンC点滴を受ける手もあります。また、メノポーズ症状を和らげるHRT（272ページ参照）も、髪質の改善に効果があります。

ただ、薄毛を直接的に治療したいのであれば、美容皮膚科か育毛専門のクリニックに。軽度の場合には、毛髪専用の内服薬「パントガール」を処方されることもあります。これは女性専用に開発され、髪の原料となるアミノ酸やケラチンが主成分。副作用もなく飲みやすいのが特徴。

海洋性たんぱく質を主成分とした「ヴィヴィスカル」という毛髪内服薬も、臨床試験で有効性が報告されています。

重度の場合にはＨＡＲＧ療法で治療を

マッサージやサプリメントではどうにもならない、髪を確実に増やしたいという場合には、**ＨＡＲＧ（Hair Re-Generative）療法という再生医療**の一種がお勧めです。

自毛を再生させる有効成分をダイレクトに頭皮に注入します。人間の脂肪幹細胞から抽出されたＡＡＰＥ（成長因子グロスファクター）を使って各種の成長因子を増やすので、個人差はあるものの効果的に自分の髪の毛を増やせます。

頭皮に有効成分を注入する方法はクリニックによってさまざまですが、**ナパージュ法**はフランス発祥の注入技術「メソテラピー」をもとにした注入法。頭皮の表皮部分に治療薬を細かく注射することで、皮下組織に有効成分を浸透させます。極小の針が使われているので、痛み、出血はほとんどありません。費用は、１回10万円前後。

ノンニードル法は、針を使わず薬剤を炭酸ガスとともに蚊の針よりも細いジェット噴射で頭皮の毛穴に直接注入するやり方。注射よりもさらに痛みがありません。

費用はどちらも1回10万円前後から。約1カ月に1度の治療×6回を1クールとして、3カ月目で変化が現れ、最後の治療を受ける頃にはボリュームアップしてくるといわれています。

そこまで予算をかけずに、髪が生えてくる土台に肥料を与え、より太くコシのある髪にしたいなら、成長因子を使わずに発毛・育毛を助けるビタミンカクテルを頭皮に注入する施術を行うクリニックもあります。

これは1回3万円前後。白髪が多いならビタミンB6を多めにしたり、一人ひとりの髪の状態に合わせた適合成分を調合できるのも強みです。

日常生活の中で

TECHNIQUE {1}

薄毛でなくともマッサージを習慣にする

頭皮は筋肉量が少なく、血行が悪くなりやすいので、毎日のマッサージが欠かせません。育毛に効果があるばかりか、血行のよい頭皮を保つことでハリコシのある美しい髪が生える土壌が整うため、薄毛でなくとも習慣にしたいところです。毎日2～3分で十分効果があります。順番はこうです。

❶頭皮が見えるよう髪をかき分け、頭皮に直接育毛剤をつけます。
❷指の腹で押し込むようにマッサージします。頭皮全体に行き渡るよう、場所を変えながら4～5回ずつ押します。頭皮はこすらず、指圧する要領で。
❸手のひらで頭全体をつかむようにして、指の腹で頭皮をやさしくマッサージします。頭皮に置いた指は動かさず、その場で揺らすようにするのがポイント。場所を変えながら4～5回繰り返し、頭全体をほぐします。

TECHNIQUE {2}

シャンプーや洗い方を見直す

よく「育毛シャンプー」などと呼ばれますが、シャンプーの目的は汚れを落とすこと。たとえ育毛・発毛成分が含まれていても、毛母細胞まで届かせることはむずかしいので、シャンプーは育毛成分にこだわらず選びます。

髪にコシがなくなったりパサつきが気になるR45世代へのお勧めは、洗浄力が強すぎず、肌と同じ弱酸性で頭皮にやさしい**アミノ酸系シャンプーです**。ノンシリコンかシリコンかは、好みに応じて判断して大丈夫です。

頭皮を健康に保つ洗髪方法には、4つのポイントがあります。意外にも、ふだんの習慣の中に薄毛や抜け毛の原因が隠れている場合もあるので、もう一度チェックしてみましょう。

❶二度洗いが基本

美髪の土台となる頭皮を健康に保つためには二度洗いが基本中の基本。一度目で髪についた整髪料などの表面的な汚れを落とし、二度目で245ページでご紹介しているような頭皮マッサージをしながら、頭皮をしっかり洗っていきます。二度目で汚れの大半は落ちているので、シャンプーの量は一度目の半分程度でOKです。

❷シャンプーもコンディショナーも頭皮には直接つけない

シャンプーやコンディショナー、トリートメントを直接地肌につけるのは、くれぐれもやめましょう。直接つけてしまうと、すすぎで十分に洗い流せず頭皮に残りやすく、毛穴詰まりやかゆみの原因になります。

❸頭皮も顔と同じくらいやさしく洗う

頭皮は顔の肌よりも強いと思っていませんか？　頭皮も顔も1枚の皮でつながっている同じ肌。ゴシゴシとこすって洗ってしまうと、頭皮を傷めてしまいます。指の腹を使って、顔と同じくやさしく洗います。

❹洗う方向は「下から上へ」が正解

髪を洗うときは、下から上に向かって洗うのが正しいやり方。髪の毛の流れに逆らうことによって、髪全体にシャンプーが行き渡り頭皮や髪の根元の汚れも落ちやすくなります。すすぎの際にも、同じように下から上へと流すと、シャンプーが頭皮に残らず、きれいに流しきることができます。

TECHNIQUE
{ 3 }

育毛サプリメントは複数の原因にアプローチできるものを選ぶ

少し髪に元気がないと思ったら、頭皮ケアに励みつつ、手軽に購入できるサプリメントで〝内側から〟育毛に励むと、相乗効果が得られるかも。

ただ、「育毛サプリメント」とひと口にいっても、さまざまな商品があるため、どれを選べばいいのか迷ってしまいます。

ポイントは、「髪の栄養不足を補う成分」だけでなく、「抜け毛予防」「髪の成長促進」に役立つ成分も併せて配合されているものを選ぶこと。最初にお話ししたように、髪が元気をなくす原因はひとつではないため、複数の原因にバランスよくアプローチしてくれる複合系サプリメントがいいのです。

目安としては、次の2種類の成分が、それぞれ1～2種類以上入っているものを選びたいところです。

❶髪の栄養不足を補う成分

・**コラーゲンペプチド**……真皮の細胞となるアミノ酸を含み、髪が育ちやすい頭皮を作ります。
・**亜鉛**……髪の素になるケラチンたんぱく質を作ります。
・**ケイ素**……肌にもよいといわれ、育毛と白髪予防効果があります。
・**ビタミン類**……亜鉛の吸収を助けます。
・**L-リジン**……髪の素となるケラチンたんぱく質の生成を促します。

❷抜け毛予防や血行促進に効く成分

・**大豆エキス**……メノポーズなどによって分泌が減るエストロゲンに似た働きが期待できます。

・**ニンジンエキス（高麗人参）**……頭皮の血行を促します。

・**ナツシロギクエキス**……毛母細胞に働きかける薬用ハーブとして昔から使われてきた植物です。

ちなみに50代で豊かで艶やかな黒髪を維持している毛髪専門ドクターによれば、ビタミンB6、パントテン酸、コエンザイムQ10のサプリと、ケイ素を含有した水溶性濃縮溶液であるエステプロ・ラボの「ケイソグランプロ」を毎日愛用しているとか。

なお、AGA（男性型脱毛症）に使うフェナステリド（プロペシア）という男

Back Stage

性ホルモンに働きかける内服薬は、女性にはまったく効果がないだけではなく副作用もあるため、絶対に服用しないようにしてください。

本来は医師の処方がなくては服用できませんが、通販サイトなどで購入できてしまうため、くれぐれもご注意を。

TARGET 19

ムダ毛

髪の毛以外の「毛」問題

コーカサス系であるフランス人の女性たちは、顔の産毛や手足のムダ毛はゴールデンカラーであまり目立たないこともあり、お手入れをしないナチュラルな方も多いのですが、デリケートゾーンとなると話は違います。きっちりケアがデファクトスタンダード。デリケートゾーンまわりの製品も普通に薬局などで所狭しと並んでいます。

日本女性七不思議のひとつに〝ソバージュなアンダーヘア〟というのがあります。そう。日本は美容大国であるのになぜか、諸外国（アジアの中でさえも）から遅れているのが、デリケートゾーンのケアなのです。

ところが、最近R45世代からアンダーヘアの脱毛に熱い視線が注がれているとのこと。いまのうちから自分が人からお世話になるときのことを想定してアンダーヘアを〝介護脱毛〟しておこうかしらという人が増えているというのです。

はじめてその話を聞いたとき、フランス女性が自分の性的魅力アップのためにする脱毛であるのに、日本女性の場合は、なんと切なく寂しい情景なのか、と悲しくなりましたが、よくよく考えてみると、これはすさまじい美意識。きわめてセンシュアルな、日本人ならではの〝粋〟だったのです。

ホームケアで

Stage #01&02

TECHNIQUE {1}

まずは、デリケートゾーンの洗浄から

粘膜は、バリアとなる「角層」やその直下の「顆粒層《かりゅうそう》」と呼ばれる部分が欠如し、その代わりに粘液で満たされています。エイジングにより、この粘液の分泌が低下することで、各種の刺激を受けやすく、時に炎症を引き起こしてしまいます。

この構造上の特徴から、従来のボディソープなどでは洗浄力が強すぎたり、pH（デリケートゾーンpH４・８前後の弱酸性）が合わずしみたりします。インポートものやクリニック仕様以外になかなかおしゃれなケア商品が見当たらなかったのですが、最近になって日本発の日本女性によるケア製品「トレスマリア」が登場しました。デリケートゾーンの肌特性に合わせた仕様のソープと保湿ミルクでのケアで不快感解消です。

エステサロンやクリニックで

TECHNIQUE {1}

R45は顔の産毛やアンダーヘアの脱毛適齢期

以前と比べると、最近、格段に費用が下がってきた脱毛。トライしやすい脇の下から始まり、次に腕、脚くらいは脱毛ずみというマダムが多いのではないでしょうか。ただ、顔やアンダーヘアとなると、まだまだ自己処理派が多いようです。

鼻の下やもみあげあたりの産毛は、カミソリでも処理できて、メイクのノリをよくしたり、肌の色をワントーンアップさせることができますが、カミソリで肌表面の角層をいっしょに削り取ってしまうので、どうしても乾燥しやすくなってしまいます。肌のことを考えれば、この際、思い切って脱毛にトライするのは賢い選択といえるでしょう。

デリケートゾーンに関して言えば、実際に毛があるために不潔になるのは免れません。脱毛後にデリケートゾーンの匂い、むれ、不快感、かゆみなどから解放された方の話をよく聞きます。欧米やアジアでは一般的になっているデリケートゾーンのケア、日本はまだまだですが、意識改革の第一歩は脱毛処置かもしれません。

全部なくしてしまう「ハイジニーナ」が、清潔感も感度も増して自信がつくと、最近のフランス人たちには人気ですが、日本の場合「変に疑われる」「温泉でジロジロ見られる」など、抵抗がある人も多いでしょう。

そこで、取り入れやすいのは「Vライン」だけ処理する、あるいは指2本分ほどのアンダーヘアを残す比較的自然な「ツーフィンガー」あたりです。

「Iライン」や「Oライン」についても、サロンスタッフやドクターに相談してみましょう。

脱毛の方法は、クリニックでの「医療レーザー脱毛」か、エステやサロンの美容機器や脱毛剤を使った脱毛のどちらかに分類できます。

医療レーザー脱毛は出力が強く、痛みがありますが、効果が出るのが早いため通院回数は少なくてすみます。

ダイオードレーザー、**ロングパルスアレキサンドライトレーザー**、**ロングパルスNd：YAGレーザー**が「脱毛レーザー御三家」で、それぞれに特徴がありますが、このうち、ロングパルスNd：YAGレーザーは深達度が深く、表皮メラニン吸収が少ないため、他の機種で脱毛が困難な場合――もともと色黒の方、VIOゾーン、レーザー脱毛で逆に硬毛化してしまった毛など――によく効きます。けれど深達度が深いゆえに疼痛はより強くズシンとくるため、第一選択肢にはなりにくい側面もあります。

個人差はありますが、アンダーヘアなら、8～12週間に1度、顔は6～8週間に1度のスパンで5回前後通うと、ほとんど生えてこないか、生えても薄い毛になっていきます。費用はどちらも5回で10～20万円前後です。

エステでなされる脱毛には、ワックス塗布ののち一気にはがす**「ワックス脱毛」**、

Stage #03

毛穴にニードルを差し込む**「電気脱毛」**、車内広告宣伝で目にする機会の多い**「美容ライト脱毛」**などがあります。

医療用脱毛とよく比較される美容ライト脱毛は、痛みが少なく施術も短時間ですが、深達度が浅いぶん、医療レーザーよりは通院回数が多くなり、色の薄い毛には反応しにくいというデメリットもあります。「抑毛」あるいは「減毛」と呼ぶほうが適切かもしれません。

わたくしとしては、安全性の面からも、効果の面からも、終着点《エンディング・ポイント》の見えるクリニックでの医療レーザー脱毛をお勧めします。施術中の疼痛は多少ありますが、冷却や麻酔クリームなどで適切に処置してくれますし、万が一の火傷のときにも適切な処置をその場で受けられるのはクリニックならではです。

ちなみにレーザーでは、黒い色に反応して脱毛を行うので、白髪になると脱毛しづらくなってしまいます。思い立ったらお早めのケアが必要です。

TARGET 20

ダイエット

スレンダーとちょいぽちゃ。R45なら、どっちがセンシュアル？

フランスで開催される国際美容抗老化医学会に顔を出すようになって、かれこれ10年以上になります。そこで取り上げられる演題が、日本とあまりに乖離していて、これぞカルチャーギャップと思うことが多々あります。

そのひとつが、欧米では半分以上がボディの演題で、特に性器周辺の若返りが人気であること。対して日本は顔周辺のエイジングケアが8割を占めることです。

身体には注意がほとんど注がれていない、要するに身体が透明なんです。

美しさはトータルで評価されることを再認識しないと、センシュアルエイジングにおいて大きな手落ちとなります。本書も世のニーズに伴い、首から上が8割強の構成ですが、2割に満たないボディの項目が実は8割を凌駕するポイントになるかもしれません。

R45に極端なダイエットは逆効果！ 美味しいものに極度な制限をしないほうがいつまでも女でいられる

基礎代謝や筋肉量の低下など、R45世代は痩せにくくなる要素がいっぱい。しかも、美肌や女性らしいボディラインを作る女性ホルモンが乱れてくるお年頃でもあるため、ウエストのくびれがなくなってスカートのウエストがキツい、ということも起こってきます。そうなると、ムリを承知で痩せるしかない……と思いつめるのが女性というもの。でも、本当にそうでしょうか？

確かに太りすぎはセンシュアルではありませんが、45歳を過ぎると、若い頃と同じように痩せたボディというのもまた、センシュアルさに欠けてしまいます。

「肌にハリを出したいなら、ヒアルロン酸注入より3キロ太るほうが効果的」という美容皮膚科医もいるほど、R45世代にとって体重を無理に落とすことは、「肌が衰える」「やつれる」「骨っぽくなる」などデメリットのほうが多いのです。


最近では「糖質制限ダイエット」ブームもあって、果物や甘い物を控えている人が増えています。糖質を摂って血糖値が上昇すると、それを下げるホルモンとしてインスリンが分泌されます。インスリンには余った糖を脂肪に変え、脂肪細胞として蓄える働きがあるため、糖質の摂取を控えインスリンの分泌を抑えて太りにくい体にしようというのが糖質制限ダイエットの骨子です。

もちろん糖尿病などの代謝疾患、アトピーなど基礎疾患があれば医師に相談のうえ、厳格に行うのもよいでしょうが、そこそこの健康体であれば、ゆるくいきたいところです。

さらに、敵視されがちなコレステロールなどの脂質は、特に閉経後の女性にとっては大切な栄養素のひとつ。意外に知られていないことですが、**女性ホルモンであるエストロゲンは、コレステロールが男性ホルモンに変化したあとに作られます。**

よって閉経後に糖質や脂質を制限すると、分泌が減った女性ホルモンがさらに減ってしまうことになります。

チョコレートもフルーツも我慢しない！〝ちょいぽちゃ〟でもセンシュアルな生き方を

わたくしはフランスからお土産としてチョコレートを持参することが多いのですが、最近になって、とみにもしや遠慮されてる？　ということをよく感じます。しかしみなさま、あのフランス人のパワフルな〝生涯現役の身体〟は、〝チョコレートとワインとオリーブと鴨のアブラ〟でできているのですよ。

ただし、チョコレートに限ってはカカオ70％以上のダークチョコレートをチョイスしてください。強力な抗酸化作用のあるカカオポリフェノールが豊富で、高血圧や動脈硬化を防ぐ効果がありますし、食物繊維やマグネシウムなどのミネラル分もたっぷり（そのため金属アレルギーの方は要注意）なので、便秘知らずに。恋愛に関わる脳内ホルモンの分泌を促すことでも有名です。フランス男性の贈り物の定番が「チョコレートとバラの花束」なのもうなづけますね。

フルーツについても同様で、香り立つフルーツの匂いをかぐと免疫機能が活発化し、癒やし効果のあるセロトニンや快楽物質であるドーパミンなどの〝幸せホルモン〟が分泌されます。さらに食べて消化することで香しい体臭になるともいわれます。

こんなに素晴らしい効能をもつチョコレートやフルーツを一切口にしないなんて、人生の大きな楽しみを失うようなもの。若い頃より5キロくらいぽっちゃりしても、センシュアルに生きているほうが、美しくイキイキと見えるのではないでしょうか。

手作り酵素ジュースのススメ

ストイックなボディメイクにはさほど興味がなくとも、健康に関しては常に気にかけている、アメリカ仕込みの分子栄養学専門で教鞭を執る友人はこう言いきります。

「ダイエットが目的じゃなくて、体が生まれつきもっている潜在酵素を無駄遣いしないための〝ファスティング〟（断食）はわたしたちの間で常識よ」

酵素には潜在酵素（体内酵素）と食物酵素（体外酵素）の2種類があり、さらに潜在酵素は消化酵素と代謝酵素に分かれます。生まれつきもっている潜在酵素はエイジングとともに減少していくのですが、飽食の時代のわたくしたちは、とかく消化酵素を毎日使いすぎているので、その代替えをし続ける代謝酵素が足りなくなりがちなのだそうです。

そうなると、就寝中に行われる細胞再生や修復が満足にできなくなりエイジングが加速するだけではなく、病気予備軍になります。免疫やホルモンなど自律神経系の調整を行うという大事な仕事を担う代謝酵素が消化に費やされてしまっているのです。そこでプチファスティングで摂生したり、外から常に良質の食物酵素を取り入れ補填する必要があるわけです。

この〝幸年期〟を満喫している友人が推奨するのは、**「手作り酵素ジュース」**の習慣。スイカやリンゴ、キウイにパパイヤ。酵素たっぷりの旬のフルーツを、昔ながらのおろし器を使い皮ごと擦って、その場で作って、その場でいただくのだそうです。

すりおろすことでいい具合に果物の細胞壁が破壊され酵素パワーも倍増し、自ら、ひと手間かけることで自分の健康への自覚と配慮も生まれます。

時間的に余裕のある夕食時か、あるいは週のうち数回、このジュースを食事代わりにする「プチファスティング」もオススメ。もちろんニンジン、大根やセロリなど、生野菜をミックスしてもいいですね。

スタイルアップには、ハードなワークアウトより“パリのマダム流の美姿勢”がラクチンで効果的

なかには、「痩せなくていいのはわかりました。でも、体重は変わってないのに、パンツのウエストや太ももがキツい。これをどうにかしたいんです」という人もいらっしゃると思います。最近は、筋肉量が落ちて基礎代謝が下がるので、筋トレから始めましょうという解決法が主流です。もちろんこれは悪くないし、できることならやったほうがよいとは思いますが、なかなか続かないのが難点です。

パリのマダムたちは、激しいワークアウトはあまりお好みではありません。でも、座っているときや立っているときの姿勢が、素晴らしく美しい方をよく見かけます。

人間は常に重力の影響を受けており、重力に対して姿勢を保つために常に筋肉を使っています。このとき働く筋肉を「抗重力筋」といい、正しい姿勢をキープ

するだけで筋肉が鍛えられます。日常の生活の中で基礎代謝をアップさせるということです。

ちなみにだらしない姿勢を続けていると、骨盤が後傾してお尻が垂れたり、反対に骨盤が前傾してお腹がぽっこり出てしまったりすることに。パリのマダムは**姿勢を気をつけるというごく簡単な〝軽い筋トレ〟で、ちょいぽちゃながらウエストや足首など、くびれるところはきちんとくびれた女性らしい体型をキープ**しているのです（もちろん愛する人に常に〝裸を見られる〟という性活をしていることも大いなるモティベーションでしょうが）。

ファッションにも気を配って

ゆるいファッションというのも体型崩れを加速します。ときにベルトでぎゅっと絞って、ウエストの位置を身体に断続的に記憶させ、ボディコンシャスなスタイルにトライ。露出を気にするのなら、ボディラインにフィットしたパンツルックで外出しましょう。他人の視線で美しくなると思って。

お水の美容健康法

ミネラルウォーターでお好きな銘柄はありますか？

フランス人は硬水軟水、炭酸あり炭酸なし、いろいろなタイプのミネラルウォーターを買い置きし、その時の食事、体調、気分によって飲む水を変えます。

たとえば便秘のときにはマグネシウムやサルフェートの多いミネラルウォーター、食欲不振や整腸には炭酸ガス、デトックスやダイエットには重炭酸、肌荒れならシリカ（二酸化ケイ素）入り、ハーブティの味を際立たせるためには軟水、体調が全般に優れないときにはミネラルやオリゴエレメントが豊富な硬水をとる、など。

人体の60％は水でできていて、エイジングによっても失われていく水分。水は体内毒素を排出し体内をキレイにし、間接的な体重コントロールにもなります。

良質な水を意識してとることは健康にも美容にも（精神的にも）たいへん重要なことです。東洋にも、水を温めて飲む〝白湯〟という素晴らしい健康法があります。朝起きがけ、昼食どき、夕食前には、コップ1杯のミネラルウォーターを飲んで体内をリセットしましょう。

スリムへの最終手段　脂肪溶解

そうはいっても効率的に、このボディにメリハリをつけたい。はい。そのお気持ちもわかります。

お腹、二の腕、太もも、背中はとりわけ気になる。部分痩せなら、切らない脂肪吸引と呼ばれる**冷却式医療用HIFU「リポセル」**がオススメ。たるみ治療で登場した、超音波を利用するHIFUのボディ版で、集束させた熱エネルギーを患部に照射し、体内に発生させた熱で脂肪細胞を破壊する技術です。表皮を傷つけることなく、皮下脂肪のみをターゲットとします。

リポセルは焦点部位の温度を70℃以上に上げることで脂肪細胞の効率的破壊が

可能となります。ただし、皮下脂肪が２・５㎝以上つまめなくてはいけません。要するに脂肪太りが確実である部位が適応となります。

死亡事故まで起こって話題となった脂肪吸引施術より安全性はずっと高く、クーリング技術のおかげで施術時の痛みも軽度、できあがりの凸凹もなく、ダウンタイムも、内出血があっても２週間ほどと短いです。

リバウンドもなし。１度の施術でワンサイズダウン、とうたわれているところもありますが、満足度に関してはあくまで個人差の出るところ。効果発現まで1、2ヵ月とも言われます。３×３㎝の１枠で１万５０００円程度。お腹全体で16～30枠、ウエストで４～６枠くらい。

ほかにそれほど広くない範囲であれば脂肪溶解注射ＢＮＬＳ（インナーＢなど）も適応です。ただし、太ももの内側を細くしたい、二の腕のぷるぷるを少しとりたいなど、狭い範囲での効果で満足できる方向きです。

永遠美貌の最先端
HRTと再生医療

生涯恋愛現役でいたいならHRT療法を

なんだか最近、どうも元気が出ないし、体調もすぐれない。R45世代の不調の原因といえば、まず思い浮かぶのが更年期（メノポーズ）。でも、「やっぱり更年期!?　ついに自分も……」と少しのショックはあるやもしれませんが、落ち込む必要はまったくありません。なぜかといえば、いまのわたくしたちにはHRT（ホルモン補充）療法という強い味方があるからです。

HRT療法は、メノポーズ症状やメノポーズ障害の治療のために、閉経前後に体内で不足してきた女性ホルモンを補充する療法のことで、日本では、婦人科を受診すれば、飲み薬、貼り薬（パッチ剤）、塗り薬（ジェル）のいずれか、あるいはパッチ剤やジェルと飲み薬の組み合わせが処方され、健康保険も適用されます。

飲み薬は、肝臓で代謝されるため、胃腸障害や肝機能障害のある方にはお勧めできないのですが、週2回貼り替えるだけのパッチなら、肝臓に負担がかかることなく、つらいメノポーズの症状を和らげることができます。

ロジカルな思考法が根づいているフランスでは、こんな便利なものを利用しない手はないと、HRT療法の普及率は70％以上。わたくしの周りの50～60代の生涯恋愛現役マダムたちのなんと9割以上は、HRTの愛用者です。

それに比べて、日本での普及率はわずか5％未満。先進国の中でもダントツの最下位です。「自然のままがいちばん」という自然信奉のなせる技かもしれませんが、進歩した医学の恩恵を受けないなんて、本当にもったいないことと思っていました。

しかし実は最近になって、日本のバリキャリ系R45世代の間では、ホットフラッシュによる気持ちの苛立ちや落ち込み、疲れやすかったり眠れなかったりという症状が劇的に改善するという評判で、HRT療法を希望する人が増えてきているのだそうです。

さらに実際に使っている方からよくよく話を聞いてみると、ホルモンが補充されることで皮膚の潤いやハリが戻って、デリケートゾーンの不快さまでも解消されてとても快適だと。

潤いがなくなってのつらさからセックスライフと疎遠になっていたり、自信を失っていた女性にとっても、たいへんな朗報です。パリのマダムが積極的にHRTを愛用するというのは、〝そっちの効用〟をも実感しているからに違いありません！

もちろん、乳がんのリスクが若干高まるというデメリットはあるのですが、反対に心臓病、認知症、骨疾患などのリスクは減るという大きなメリットがあることも忘れてはなりません。

事実として、認知症や骨粗しょう症に罹患する確率のほうが、乳がんにかかる確率よりずっと高いですし、そもそも〝女であること〟自体で一定の乳がんのリスクがあるわけです。よほどのハイリスク要因がないのであれば、HRT療法を受けながら、定期的に乳がんなどの検診を受けるのも賢明といえます。

日本で人気のプラセンタ療法はメノポーズ障害の症状すべてをカバーできない

日本では、プラセンタ（メルスモン®など）療法が長らく人気です。これは、動物起源プラセンタが成分のサプリとは異なり、国内の感染のない健康なヒト胎盤を原料として作られ、多種アミノ酸は含有しますが、ホルモンやたんぱく質は含有していません。

プラセンタを筋肉注射することで、ホルモン分泌機能や免疫機能、細胞増殖因子の産生を促し、肌の若返りだけでなく、メノポーズ症状の緩和や自然治癒力アップにも効果があるとされています。安全性が高く、1アンプル2000円程度とリーズナブルな点もリピーターが多い理由です。

とはいえ、根源的解決を求めるなら、やはりHRT療法に敵うものはありません。プラセンタにはわたしたちがもともともっている自然治癒力を高めてくれる力はありますが、ホットフラッシュ、疲れ、肌のハリ、デリケートゾーンの不調、不眠、うつ、中年太り、ドライマウス、ドライアイなどなど、**もろもろまとめて一気に解決する力があるのは、やはりHRT療法**なのです。

手軽に手に入るサプリメントの中で、メノポーズ症状に効果を発揮するのは、女性ホルモンに似た働きをしてくれるといわれる**「イソフラボン」**が有名です。

しかし、実は日本人の場合、2人に1人しかイソフラボンを代謝分解できる酵素を持っていないことは、あまり知られていません。ちなみに欧米人はさらに低く、10人に1人程度といわれています。

その点、**「エクオール」**という成分であれば、イソフラボンと違い、誰でも効果が得られます。これは、大豆に含まれるイソフラボンが、エクオール産生菌と呼ばれる腸内細菌によって代謝されてできる成分のこと。女性ホルモンに似た働きは、実はイソフラボンではなく、それが分解されてできたエクオールにあったのです。せっかくサプリメントをとるならば、大塚製薬のサプリメント「エクオール」など、エクオールが配合されたものを選びましょう。

元気が出ないのは男性ホルモンが減ったせい⁉ 女性にとっても男性ホルモンは超重要！

メノポーズを考えるとき、わたくしたちはつい女性ホルモンばかりに目を向けがちですが、実は性別に関係なく、人は男性ホルモン、女性ホルモンの両方を分泌しています。違うのは分泌量だけであって、女性であっても男性ホルモンを、男性であっても女性ホルモンを分泌しているのです。

女性ホルモンは女性らしい体つき、美しい肌を形作り、妊娠出産時の内的環境作りを促すだけではなく、日常的に骨量の維持、血管強化、自律神経のバランス、記憶力にも関わるといいます。

対し男性ホルモンは、記憶力、集中力アップ、モティベーションのアップなど外的環境のための活動のほか、筋肉量アップ、生活習慣病の予防や精神安定にも役立っています。男性女性関係なく、どちらのホルモンも必要です。


女性は閉経後、女性ホルモンが極端に少なくなりますが、男性ホルモンの分泌量が大きく変わることはありません。閉経してから「アクティブになった」「性欲が強くなった」という女性がいるのは、男性ホルモンが優位になったことも理由のひとつです。

一方、男性も50歳を過ぎると男性ホルモンが減少することにより、女性のメノポーズのような症状（アンドロポーズ）が出ることがあります。男性ホルモンが坂道を転がるように減るのに対し、女性ホルモンの分泌量はそれほど変わらないため、性格が徐々に穏やかになるなどの変化が現れることもあります。

そう、つまり年齢を重ねると、一般的な男女の性格や役割が逆転することがあるのです。人生百年時代といわれていますから、人生の後半戦は女性が戦闘的に外で働き、男性が家を守る、なんてスタイルも悪くないのではないでしょうか。

男性ホルモンを補充する治療法で見違えるように元気になる場合も！

なかには「女性ホルモンが少なくなって、男性ホルモンが多くなってしまうなんて、なんだか女じゃなくなってしまったみたい……」と抵抗を感じる方がいるかもしれませんね。でも、実は女性の性欲も男性ホルモンによるものなんです。

女性がいつまでも元気でセンシュアルでいるために、男性ホルモンも絶対的に必要なのです。女性でも、メノポーズで「元気が出ない」「性欲がわかない」という抑うつ的不調が現れることがあり、そういう方に男性ホルモン補充の治療を行うと、見違えるように元気になるケースも珍しくありません。

さすがにちょっと抵抗のある方は、若返りホルモンとして話題になった、性ホルモンの前駆体であり男性ホルモン様作用を有する「DHEA」が大量に含まれる長芋、自然薯、あるいは、手軽にDHEAサプリでもいいかもしれませんね。

ヒアルロン酸やボトックスより自然で長持ちする「再生医療」

日々、増えていくシワやシミに悩まされているR45世代であれば、自分の肌の細胞を増やしたり、元気にしたりすることで美肌を甦らせる「再生医療」は大いに気になるところです。

ヒアルロン酸注入などは、ともすると仕上がりが不自然になってしまうこともありますが、再生医療なら安全性の高い自分の細胞を使って肌の力そのものを底上げすることで、より自然な形で老化に抗うことが可能になります。異物注入への抵抗感が大きく、予算に余裕がある方なら、再生医療を検討してみる価値ありです。

再生医療というと「最先端の夢の医療で一気に若返る！」といったイメージをもたれるかもしれませんが、即効性や目に見えてわかりやすい確実な効果の発現は重視していない、ということは覚えておいてください。物理的な効果がわかりやすいヒアルロン酸注入や、数日から1カ月以内にほぼ確実に効果を発揮するボトックス注入などとは、そこが決定的に違います。

その代わり、じわじわと月日が経つごとに緩やかに効果が現れます。**肌質全般の向上が数年単位の持続性で見込める**というところがアドヴァンテージなのです。ヒアルロン酸もボトックスも、効果が続くのはせいぜい半年〜1年程度ですから。

ちなみに、施術には許可申請が必要（線維芽細胞移植術、自己脂肪由来間葉系幹細胞治療は第二種、PRP療法は第三種　ともに後述します）ですので、再生医療ができるクリニックは限られています。

シワなど肌質全般改善、たるみやくぼみをふっくらさせたいなら「線維芽細胞移植術」がお勧め！

再生医療は、シワやたるみ、くぼみなどの気になる部分をリカバリーする〝美容医療〟的な側面が強い「局所投与」と、臓器全体を若返らせる〝健康増進〟の側面が強い「全身投与」の大きく2つに分けられます。

局所投与の代表的なものが、**「線維芽細胞移植術」**です。これは、自分の耳の後ろの付け根から米粒大の皮膚を採取し、その真皮に含まれる線維芽細胞を分離して約1万倍になるよう増殖・培養を行い、それを希望する皮膚に注射により移植するもの。

移植細胞によりコラーゲンやエラスチン、ヒアルロン酸等の生成が行われる結果、移植部位の肌の弾力性や厚み、ハリ感が回復します。

費用は、細胞を採取して60ccにまで培養するのに45万円前後が必要で、加えて、1回1cc注入するのに10万円前後かかります。全顔ですと、約3～4ccです。他に月々1万円以上の細胞保管料が必要です。

効果ですが、数か月を経て徐々に定着し、その後2、3年、と効果は長く持続します。

局所投与でもうひとつ、広く知られているものに**「PRP（Platelet Rich Plasma ＝多血小板血漿）療法」**があります。

これは、自分の血液を採取して遠心分離機で多血小板血漿（PRP）を取り出し、気になる部分に注入する治療法。PRPにはもともと傷を治す作用があるため、注入するとコラーゲンの生成や表皮の成長などが促され、たるみやシワの改善効果があります。

これも注入量によって費用が変わってきますが、頬・まぶた・こめかみなら各15万円程度から。効果が出るまで2～4カ月と多少時間がかかり、効果の持続はほぼ2年といわれています。


この二つの違いですが、前者は細胞そのものを何倍にも増やすものであるのに対し、後者は細胞はそのままですが、その細胞に何倍分も頑張ってもらうという感じです。

ＰＲＰ療法は創傷治癒過程の再現ですので、ときに皮膚の凹凸、シコリや肉芽種のリスク（グロスファクターの併用投与で、よりリスクがアップします）があります。

したがって、予算があれば、真皮構造そのものの補填・補充がダイレクトにできる「線維芽細胞移植」がお勧めです。ただし、実施可能施設はＰＲＰ療法に比べ、かなり限られています（厚労省HPの再生医療提供機関一覧、第二種参照）。

どちらも腫れは3日程度、長くて1週間ほど。肌のハリを甦らせることで自然に肌の凸凹が解消されていくというイメージなので、大きなくぼみやたるみをその場できれいさっぱりなくすというわけではないということは最初に説明したとおりです。

即効性ではヒアルロン酸やボトックスに劣るものの、対処療法ではなく根本療法に近いもの（要するに理想に近い）と考えるとよいでしょう。

なお色調に関して、くすみや透明感アップはあるにしても、どちらも限局的なシミにはあまり効かないとされます。シミに関してはレーザー、ピーリングなど従来の方式をお勧めします。

肌だけでなく、全身の若さの底上げをしたいなら「幹細胞による点滴療法」で究極のリバースエイジングを

肌だけでなく、老化やメノポーズによる不調もケアして、全身の若さを底上げできる「全身投与」で目下最先端をいくのが、自分の脂肪から採取・培養した幹細胞を点滴で投与するもの。**「自己脂肪由来間葉系幹細胞による点滴療法」（MSC療法）**という、ちょっぴりややこしい名前がついています。

費用は高級車1台分ほどと高額ですが、**本格的に時間を巻き戻せるリバースエイジング**として、世界中から注目されています。

幹細胞は身体組織の修復や再生を担っていますが、年齢とともに減っていくため修復が追いつかず、老化や更年期障害を招いてしまうのですが、その幹細胞を

点滴によって補うことで、まずは調子の悪いところが改善され、次に臓器全般（ちなみに皮膚は体重の16％を占める最大の臓器です）も若返って代謝も活発になり、精神にも作用するといわれています。

ただしメカニズム詳細については未知の部分も多く研究中です。

細かいプロトコールは施設ごとに違いますが、年数回の点滴でワンクールとなっているのが一般的。

事前に血液検査を受け、局所麻酔をして腹部から20cc程度の脂肪細胞を採取します。その後、脂肪から幹細胞を分離・精製し、4、5週間かけて培養していきます。

たとえばこれを年に4回、1回2時間ほどかけて点滴で投与していきます。未使用分はいったん凍結しておき、投与のスケジュールに合わせて解凍培養します。

培養して約1億個〜1億5000万個に増えた幹細胞を点滴で投与すると、自分の体の中で、もっともダメージを受けているところから修復がスタートします。関節が悪ければ関節へ、内臓の働きが落ちていたらその内臓へ、まずは働きかけるのです。

そのため、顔の肌のハリやシワがすぐさま改善するというわけではありませんが、「化粧のりがよくなった」「顔色が明るくなった」といった〝肌調子〟については、早い段階で自覚する人もいるようです。皮膚が体重の約16％を占める、最大の臓器であることを考えるとわかる気がします。

多く自覚されることは、とにかく元気になるので〝意欲増進〟、ほかに眠りが深くなる、運動してもいないのに筋肉量が増大する、傷の治りが速い、平熱が上昇して風邪を引かなくなった、などもよく言われるところです。八十代にして富士山初登頂をなさった方も。

この療法は、効果に個人差はあるものの内科的（内面的）な若返りにピッタリといわれます。幹細胞は成長因子にも働きかけるので、相乗効果ですこぶるパワフルなエイジングケアとして、今後、存在感を増してきそうです。

ただ、ひとつだけ同世代カップルや夫婦限定で気をつけていただきたいことがあります。パートナーの一方だけが若返って元気になってしまわないことです。元気になるなら二人でいっしょ。これが生涯恋愛現役の大原則です。

おわりに
みんなで美しくなる

わたくしは4年ほど前に書いた『パリのマダムに生涯恋愛現役の秘訣を学ぶ』で、センシュアルという言葉の意味を狭い薄暗い場所から解き放って、本来的な概念である「感覚器官に訴求する知性と肉体の魅力」として発信し始めました。

官能とは、人間の感覚器官（Sense Organ）による感覚総体のことで、性欲を刺激するセクシュアルはその一分野にすぎません。肉体の魅力は性的感興だけでなく優雅さも刺激しますし、性的なアピールに知性もまた不可欠です。身のこなし、立ち居振る舞いは、洗練された文化が生んだ「センシュアリティ」といっていいでしょう。

センシュアルの語源はセンス（＝感覚）であり、五感です。五感を感覚する五官が眼・耳・鼻・舌・皮膚の器官であり、医学的にはレセプター（受容器）です。なお、仏教においては、五感を統御する意と、その働きである意識も第六の感覚として含まれます。

美意識を働かせて考えると、感覚器官はレセプターだけに甘んじていません。「目は口ほどにものを言う」、五官もまたセンシュアリティを発信しています。五官のみならず、身のこなしや肉付きでは全身の筋肉や脂肪が、怒れば髪も逆立ち、羞恥には頬染める血流さえも……人間の肉体の内も外も、すべてが感覚を受容するとともに、外に対する表現手段としてフル稼働しているのです。

外観は内観の反映として当然ともいえますが、美しさを形成する役割ひとつとっても、精いっぱいの努力を注ぎ込んでいるのです。感動的です。その何かを伝えようとする意識を、わが身ながら慈しみ、自らをもっと美しくする義務があるとは思いませんか？

成熟した大人のセンシュアル・ビューティを深化させていきましょう。

第一に「異性から選ばれる」受け身意識はきっぱり卒業したらどうでしょう。比較され、セレクトされることで、どうしても好かれるように振る舞う。ライバルを蹴落としたい、自分だけ見てほしい。性ホルモンで競わされている間はいたしかたなくとも、大人が、しみったれた小賢しいあざとさに執心したら、センシュアリティは吹っ飛びます。わが身に情けないではありませんか。

第二に「美しさの表現は無尽蔵である」と知ることです。培われてきた経験知が力を発揮します。

瞳があります。優しい慈愛をたたえた微笑み、と思えば一転して厳しく挑みかかる眼。千変万化します。次に耳。時には大いなる喜び、時には深い哀しみ、いずれをも受け止める耳の傾け方もあります。そして肌。青く硬さに包まれている若いときには恵まれなかったもの、それはベルベットのようなメロウな肌触りに香り立つ身体です。

発信する唇からは知性の深みが湧き、あえて沈黙する唇には冷たい笑い。蓼食う虫は多いのです（笑）。選ぶ語彙、言い回し、声のトーン。内容は同じでも印象はまるで違います。昔もいまも言葉は随一の通信手段、歌垣《うたがき》に相聞歌と、数千年の歴史を受け継いできたわたくしたちがターゲットを籠絡させることは、いともたやすいのではありませんか？

第三に「情報そのものをオープンにしてみなで美しくなる」のはどうでしょう。開かれた情報の受け渡しはセンシュアルの特徴でもあります。アンチ・エイジングはエイジズム（年齢差別）を増長させると、新大陸では批判が高まってきています。あらゆる生物の必然である生老病死を否定する傲慢、他者が早く老い、自分がちょっとでも若く見えたらいいとの利己主義。まだまだ偏差値的相対評価の泥沼から抜けきっていませんね。ではどうすれば？

答えはカンタン、みなでキレイになればいいのです。美しさは絶対評価なのです。みんな「5」（あるいは「優」）であって、何が問題でしょう？

わたくしは職業特権もあって、友人のメイクアップアーティストからは技を教わり、ノンサージェリーのエイジングケアは片っ端から試しました。予想以上のこともあれば、イタイ思いをしたこともありました。チャレンジャーな友人たちからの意見も集めました。集まった情報を一部の人だけのものとしないで、みんなで共有しアップデートしていったらどうだろうと思いました。オープンすれば情報の品質は上がりますし、供給者の鑑識眼も向上します。

リーゾナブルなコスト、高いクオリティ、それを担保するものがオープンなマーケットです。これぞ「官能経済」です。情報の共有と審美眼の涵養は高品質と廉価に結実し、それを支えるシステムが開かれた市場です。

目指すは溢れ出るハーベスト（収穫）であり、美の饗宴。それが「永遠美貌」なのです！

以下、数多くの方にご指導いただき、無事に本書を完成することができました。

一般社団法人・国際抗老化再生医療学会理事長の松山淳様、昭和大学横浜市北部

病院形成外科講師の黒木知明様、慈恵会医科大学非常勤講師の宗田聡様、日本歯科審美学会常任理事の椿知之様、一般財団法人・内面美容医学財団理事長の松山夕稀己様、株式会社デルマラボ専務取締役の加藤崇人様、エムエルシー株式会社代表取締役の片山富司様、医療法人ナチュラル・ハーモニー・クリニック表参道理事の齊藤信様（以上順不同）、心より感謝申し上げます。

ひとかたならぬご尽力を頂戴しました、美容ライターの伊藤彩子様、そして、今回も企画から製作まで自ら編集を担当してくださった、シャネルの伊達眼鏡を粋にかけハーベストエイジを堂々と闊歩なさっているディスカヴァー・トゥウェンティワン社長の干場弓子様。干場様と知り合いになってから、わたくしはどれだけ触発されたかしれません。本当にありがとうございました。

二〇一八年　収穫の豊穣の香りの中で

岩本麻奈

永遠美貌《エターナルマドンナ》　R-45 編
女医が実践している　いつまでたってもキレイの事典
発行日　2018 年　9 月 30 日　第 1 刷

Author　岩本麻奈

Book Designer　加藤京子（sidekick）
Illustrator　服部あさ美（カバーA・本文）・粟津泰成（カバーB）

Publication　株式会社ディスカヴァー・トゥエンティワン
〒 102-0093　東京都千代田区平河町 2-16-1 平河町森タワー 11F
TEL　03-3237-8321（代表）
FAX　03-3237-8323
http://www.d21.co.jp

Publisher& Editor　干場弓子

Marketing Group
Staff　小田孝文　井筒浩　千葉潤子　飯田智樹　佐藤昌幸　谷口奈緒美　古矢薫
蛯原昇　安永智洋　鍋田匠伴　榊原僚　佐竹祐哉　廣内悠理　梅本翔太　田中姫菜
橋本莉奈　川島理　庄司知世　谷中卓　小木曽礼丈　越野志絵良　佐々木玲奈
高橋雛乃

Productive Group
Staff　藤田浩芳　千葉正幸　原典宏　林秀樹　三谷祐一　大山聡子　大竹朝子　堀部直人
林拓馬　塔下太朗　松石悠　木下智尋　渡辺基志

Digital Group
Staff　清水達也　松原史与志　中澤泰宏　西川なつか　伊東佑真　牧野類　倉田華
伊藤光太郎　高良彰子　佐藤淳基

Global & Public Relations Group
Staff　郭迪　田中亜紀　杉田彰子　奥田千晶　李瑋玲　連苑如

Operations & Accounting Group
Staff　山中麻吏　小関勝則　小田木もも　池田望　福永友紀

Assistant Staff
俵敬子　町田加奈子　丸山香織　井澤徳子　藤井多穂子　藤井かおり　葛目美枝子
伊藤香　鈴木洋子　石橋佐知子　伊藤由美　畑野衣見　井上竜之介　斎藤悠人
平井聡一郎　宮崎陽子

Proofreader　文字工房燦光
DTP　アーティザンカンパニー株式会社
Printing　シナノ印刷株式会社

	媒体	波長	機種名	ターゲット
レーザー	QswYAG	532/1064nm	**メドライト C6**	シミ・アザ・タトゥー
			スペクトラ	
			トライビーム	
			フォトナ QX	
	Dye	595nm	**V ビームⅡ**	赤アザ
			シナジー J	
	Qsw ルビー	695nm	**Z-1**	シミ・アザ・タトゥー
			ナノ Q	
			IB101	
			IB103	
			ナノスター R	
	Qsw アレキサンドライト	755nm	**アレックスⅡ**	シミ・アザ・タトゥー
			アコレード J	
	ダイオード	810nm	ライトシェア	脱毛
			メディオスター	
			ソプラノアイス	
		915nm+RF	モチーフ IR（旧ポラリス）※1	シワ・タルミ
	ロングパルス YAG	1064nm	ジェネシス	スキンリジュビネーション
	ロングパルスアレキサンドライト	755nm	**ジェントルレーズプロ**	脱毛
			アポジー	
	ロングパルスアレキサンドライト /YAG	755/1064nm	**ジェントルマックスプロ**	脱毛
			エリート	
			クラリティーツイン	
	フラクショナル炭酸ガス（Co_2）	10600nm	エッジワン	ニキビ跡
			アキュパルス	
			コア	
			エコツー	
	フラクショナル Er:YAG（エルビュームヤグ）	2940nm	フォトナ　ダイナミスプロ	ニキビ跡
	Pico スイッチ	532/1064nm	**エンライトン**	シミ・アザ・タトゥー
			ピコウェイ	
		755nm	ピコシュアー	
IR（近赤外線）		1100-1800nm	**タイタン※2**	シワ・タルミ
		700-2000nm+RF	サブライム（旧リファーム）※1	
IPL（フラッシュランプ）		420-1200nm	**m22（フォトファイシャル）**	スキンリジュビネーション
		400-980nm+RF	オーロラ（フォト RF）※1	
		520-1100nm	**ライムライト（フォトブライト）**	
RF（高周波／ラジオ波）			サーマクール	シワ・タルミ
			エンディメッド	
			ウルトラセル（GFR）※3	
			ウルトラセル（SRR）※3	
			スマスアップ	
HIFU（超音波）			ウルセラ	タルミ
			ウルトラセル※3	
			ダブロ	

※1　イーロスプラス（複合機）に付属（旧ギャラクシー）

太字は薬事承認機種

※2　オーパスという機種に付属

※3　複合機　単体機としてはアックジェン（GFR）イントラセル（SRR）ウルトラセル Q プラス（HIFU）

提供：エルエムシー株式会社

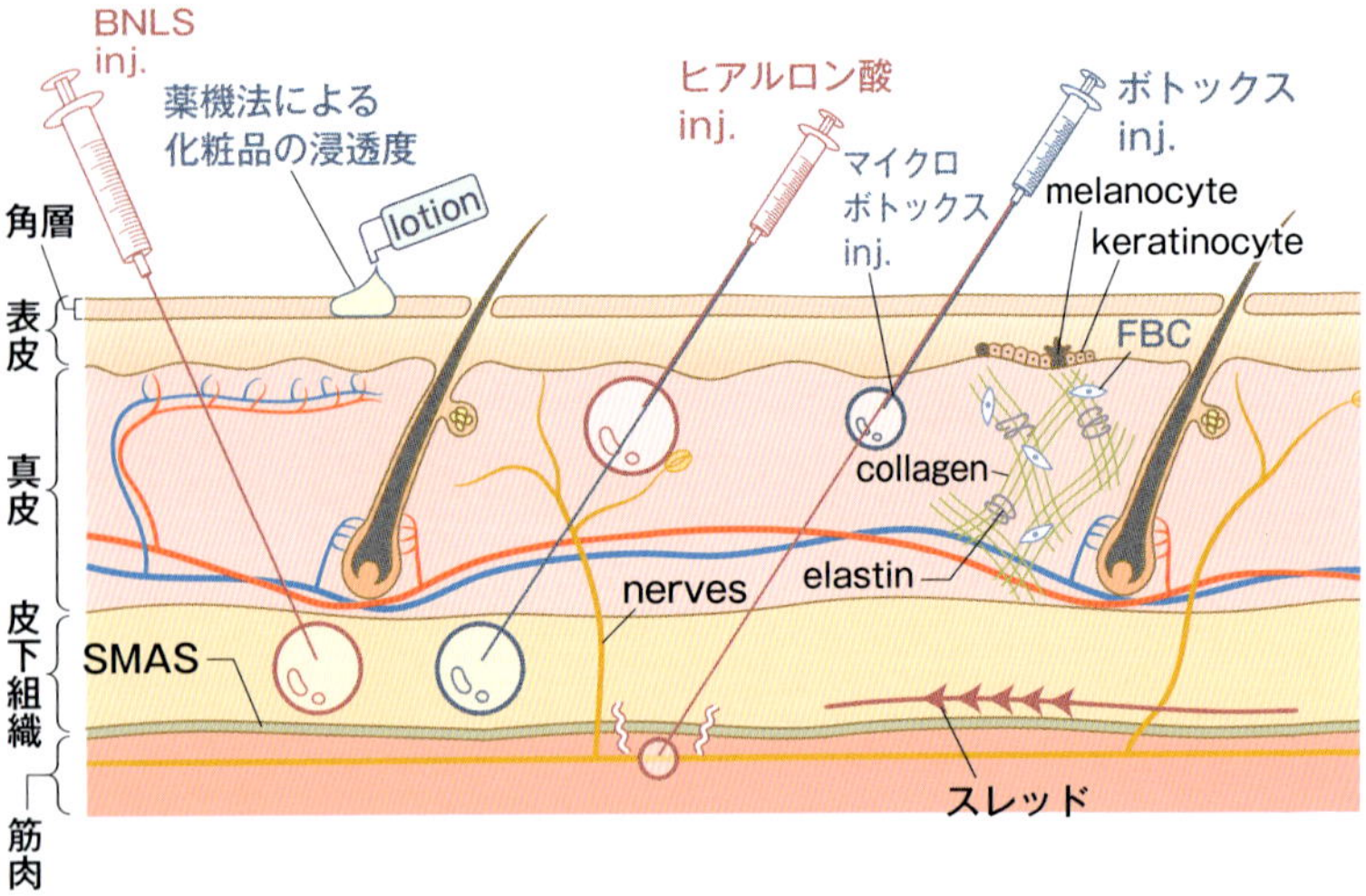

※あくまでイメージ図です。
※手技によって深達度が変わります。

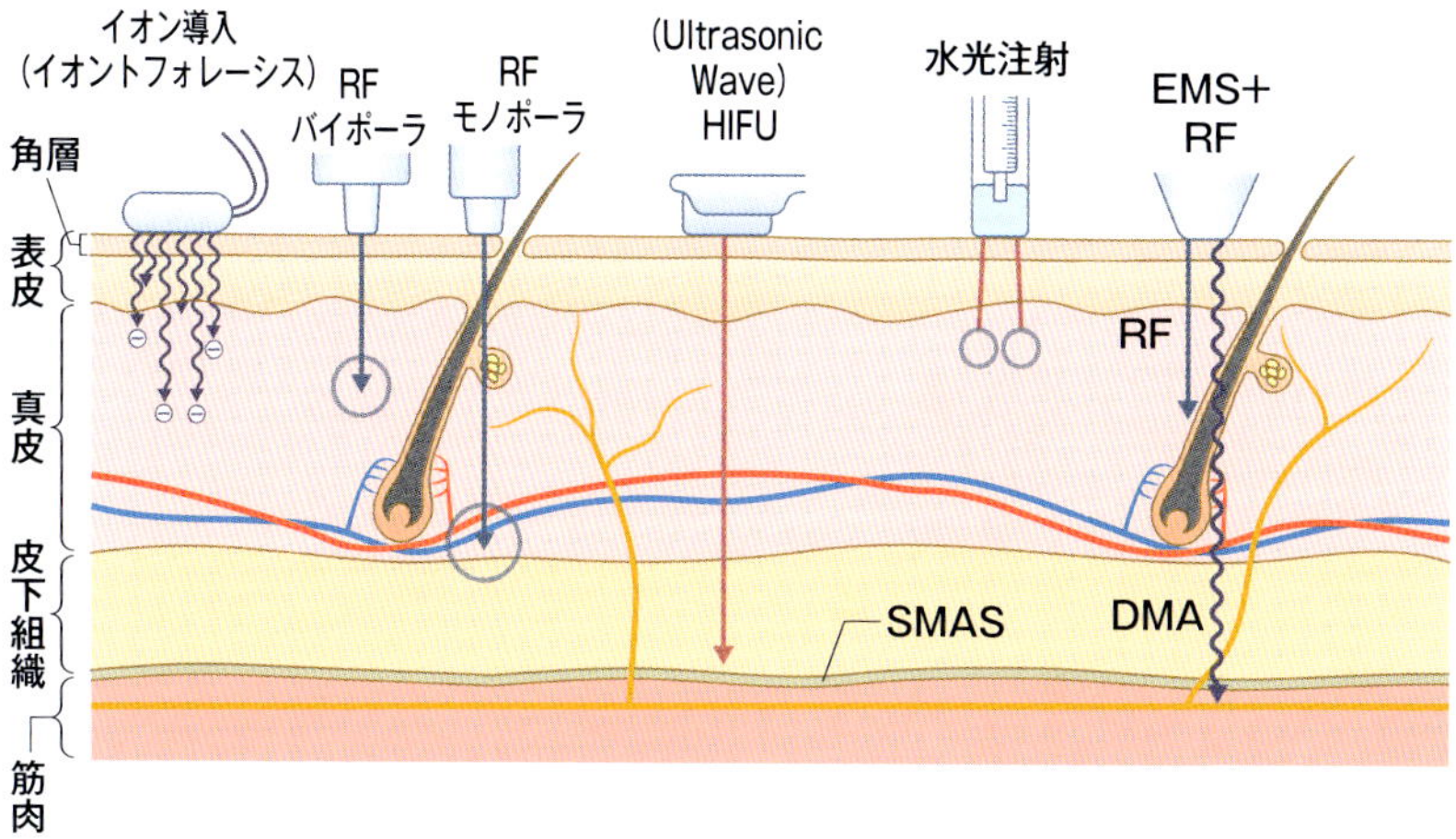

※あくまでイメージ図です。
※各種条件によって深達度が変わります。

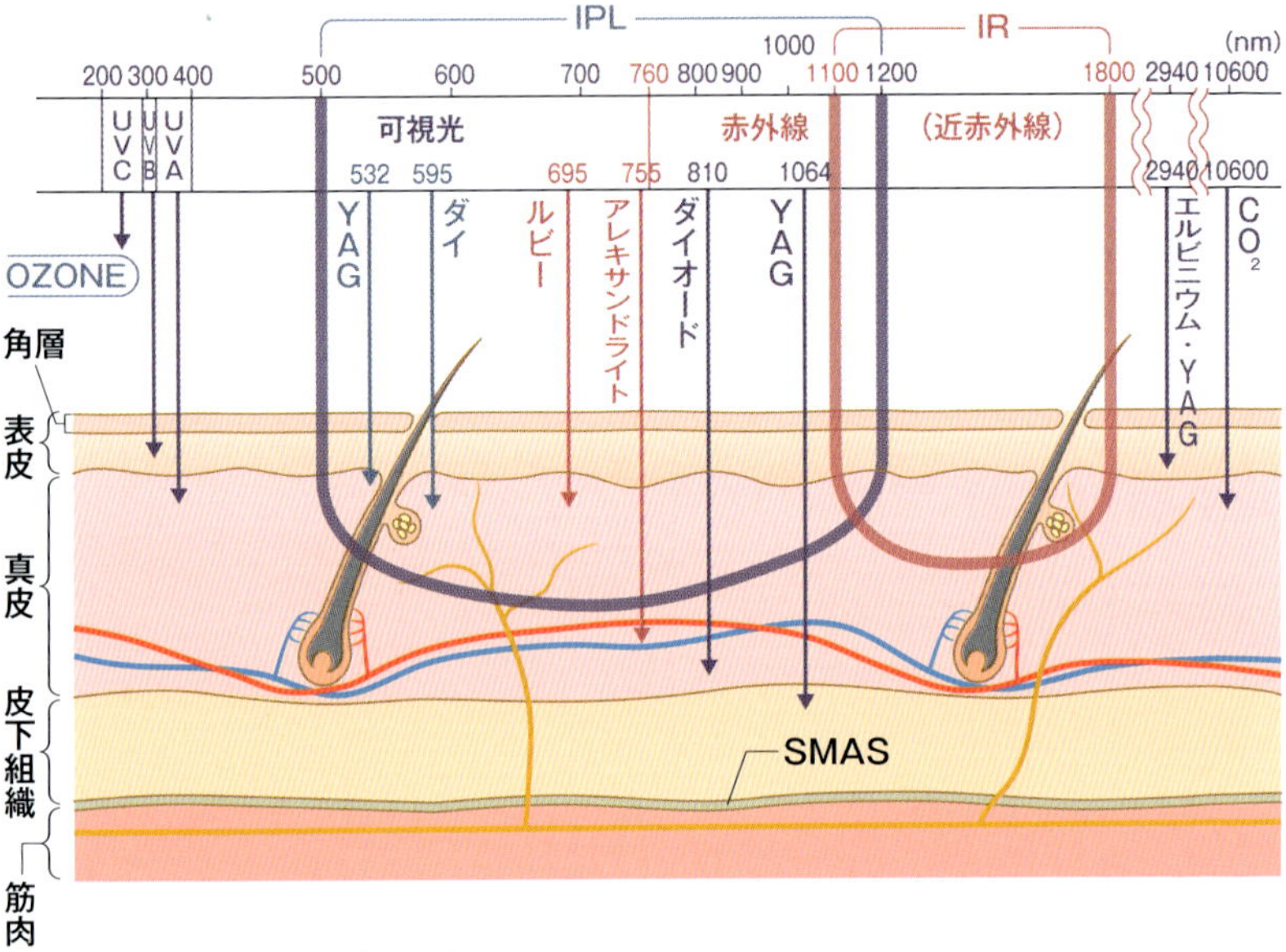

※あくまでイメージ図です。
※レーザーの照射条件により、深達度は変わります。
※機種によって波長は前後することがあります。